ブームをつくる
人がみずから動く仕組み

殿村美樹
Tonomura Miki

目次

第四章　メディアを動かす

はじめに

「ＰＲプロデューサーの殿村と申します」

　そう自己紹介をすると決まって、次のような反応が返ってきます。

「そんな仕事があるの？　何をするの？　そもそもＰＲってプロデュースするもの？」

　無理もありません。いまのところ「ＰＲプロデューサー」という肩書きはあまり知られていません。同じ業界で働く方々はたくさんいますが、大半は「ＰＲプランナー」「ＰＲディレクター」「ＰＲコンサルタント」といった肩書きで仕事をしています。

　通常、ＰＲとは、特定の商品（モノやサービス）を広く社会の人に知ってもらうために、メディアに取り上げてもらうための企画を練ったり、イベントをおこなったりすることを言います。しかし、私はそれだけがＰＲだとは考えていません。商品の存在を人に伝え、価値を理解してもらうだけではなく、商品を知った人々に何らかの行動を起こしてもらう、それもできるかぎり長くその行動を続けてもらうことがＰＲ業務だと考えています。私がプロデュースという言葉を使っているのには、実は理由があります。

第一章で表を使って解説しますが、私が理想とするＰＲは、従来型の「企業ＰＲ」とは本質的に異なるものです。すでにでき上がった商品や理念を決められたレールに沿って告知するのではなく、ＰＲ活動を通じて、「ひとつの『文化』をつくり上げていく」ことを目指しています。

私は文化と歴史は〝つくるもの〟だと考えていますが、その意味でもＰＲはプロデュースできる、いやプロデュースしなければ始まらない、また完結もしないと思っています。

約三〇年間、地方のＰＲをメインに仕事をしてきました。「ひこにゃん」や「うどん県」「佐世保バーガー」「今年の漢字」などといったＰＲをこれまで手がけてきました。それらをどのようにＰＲしていったのかという具体例は後に述べていきますが、いずれも当初はクライアントがこちらの提案に難色を示したり、ごくわずかな予算しかなかったりというものばかりでした（携わるＰＲのなかには「予算が三〇万円しかありません」なんてケースもあります）。もちろん、残念ながら「結果を出せなかったもの」もあります。しかし、どの案件を振り返ってみても、ＰＲはコミュニケーションそのものだと痛感しています。

それは、ひとりの人間が、ほかの誰かと親しくなることと似ているかもしれません。人は「この人と親密な関係を築きたい」と思うと、相手が興味を示しそうな話題を持ち出してみたり、一緒にどこかへ出かける約束を取りつけたりするものです。つまり計画を立てて、永続可能な信頼関係を努力して築こうとする。ある主体と別の主体とを水平の関係で、双方向でコミュニケーションを結ぼうと、意図的にプロデュースするものなのです。

いま「ある主体と別の主体との関係」という言い方をしました。これはＰＲの本質でもあり、ＰＲが広告や単なる宣伝と大きく異なる点でもあります。後述しますが、広告は、購買層という〝外部の対象〟に向けて情報が発信されます。製造・販売元という主体に対する、購買層という客体です。いっぽうで、主体と主体のコミュニケーション、人間同士の水平の関係こそが、ＰＲに対する私の根本的な理念です。

現代はどんな情報を発信するにしても、その向かう先が「個人」でなければ、大きな流行をつくることはできません。クチコミの力がいかに強いかはみなさんご存知だと思います。「あの場所はよかった」「この商品はすばらしい」と、主体的に動いてくれるのは「個人」。この「個人」をコアとした情報の拡散が、現在のＰＲでは最重要課題なのです。

もちろん抽象的な「層」に向けた情報発信であっても、社会を動かす（流行をつくる）ことは可能でしょう。しかし、それには大きな予算が必要であり、また、その資本投下によって得られる成果も一時的なものにすぎません。「となりの人が買っているから、自分も同じものを買った」というのは人間の自然な心理ではありますが、その商品に関する情報がそこからさらに拡散することはありません。

だからこそ、ターゲットとした個人が主体的に動き続けてくれるようにすることが理想のＰＲと言えるのです。この「個人へ向けたＰＲ」という理想は、私の個人的な体験もひとつのきっかけとなっています。

それは一九九五年の一月一七日に起きた阪神・淡路大震災の被災体験です。

震災当日、私は兵庫県西宮市の自宅マンションにいました。当時起業して七年め。まだ経営基盤が不安定だったこともあり、巨大テーマパークや地方博のように数千万円単位の予算が組まれる〝儲（もう）かる仕事〟ばかりを手がけていました。そこで動く金額は、現在私が扱う予算を考えれば、とても大きな金額でした。

しかし、被災を機に価値観は一変しました。たった数時間のイベントのためにスポンサーや協賛企業などから提供されたミネラルウォーターを何万本も配布していた私自身が、「一リットルに一万円払う！」と言っても飲み水がないという状況に陥ったのです（実際に被災当時、所持していた現金は一万円だけでした）。

当時、同じマンションに住んでいた人たちには食料品店のオーナーもいれば、電器販売店を経営する方もいました。そういった方々が自分の手持ちの商品を無償でマンションの住人に提供したのです。その恩恵にあずかりながら、私は「これまで自分がしてきたことは何だったのか？　肝心のときに何の役にも立たないではないか」と強く思いました。

そして、震災直後から、関西にはほとんどなかったPR会社を経営していた私のもとには「誰々が莫大（ばくだい）な額を寄付したから、記事にするようメディアに働きかけろ」といったリクエストが殺到しました。

PRとは何なのか？　私は何のために働いていくべきか？

そう考えざるを得ませんでした。

この体験をきっかけに、個人が幸せを感じる社会への一助となりたいと考えるようになったのです。

「ＰＲを通じて文化をつくる？　永続的なＰＲ？　そんなことができるのか!?」

そう思う方もいらっしゃるでしょう。しかし、身のまわりを注意深く観察してみてください。バレンタインデー、ギネス世界記録、『ミシュランガイド』……。これらはすべて、始まりはＰＲ。それが文化となり、日常生活に根づいた例と言えます。私が手がけた「今年の漢字」も、いまでは年末の風物詩と言えるまでに定着しています。

読者のなかには、ＰＲには関係ない仕事をされている方が多いと思います。しかし「部下に主体的に仕事をしてほしい」「顧客に商品を使い続けてほしい」など、一般的な仕事の場面でもＰＲのノウハウは活(い)きてきます。どんな職種でも、狙(ねら)った相手に的確に情報を発信して、確実に受け取ってもらうことは必要だからです。

疲弊や衰退が言われる地方自治体や中小企業で働く方々はもちろん、この本が多くのみなさんの一助となればと思います。

第一章　人が自ら動く

——ＰＲにおける「ムーブメント思考」とは何か

私が考えるＰＲの最終目標

「はじめに」でも述べたように、通常、ＰＲ業界では、特定の商品（モノやサービス）を広く社会の人に知ってもらうことを最終目標に設定し、新聞や雑誌、テレビなどのメディアに取り上げてもらうための企画を練ったり、イベントをおこなったりします。そこまでがＰＲ会社の仕事。商品の名前や存在を知らしめるところまでを請け負い、その効果を売り上げにどう反映させるかは、クライアント次第とされています。

しかし、私はそれでＰＲが完結したとは思いません。商品の存在を人に伝え、価値を理解してもらうだけではなく、結果として具体的な行動を起こしてもらう、それもできるかぎり長くその行動を続けてもらうことがＰＲ業務だと考えています。

「具体的な行動」とは、商品であるモノやサービスを購入してもらうこと、あるいは、その土地に実際に足を運んでもらい、観光してもらうことなどです。そこまで人を動かして、はじめてＰＲの業務が完結し、目的を達成できるのです。

この本で紹介していくＰＲの概念・手法は、従来の日本で「常識」とされてきたものと

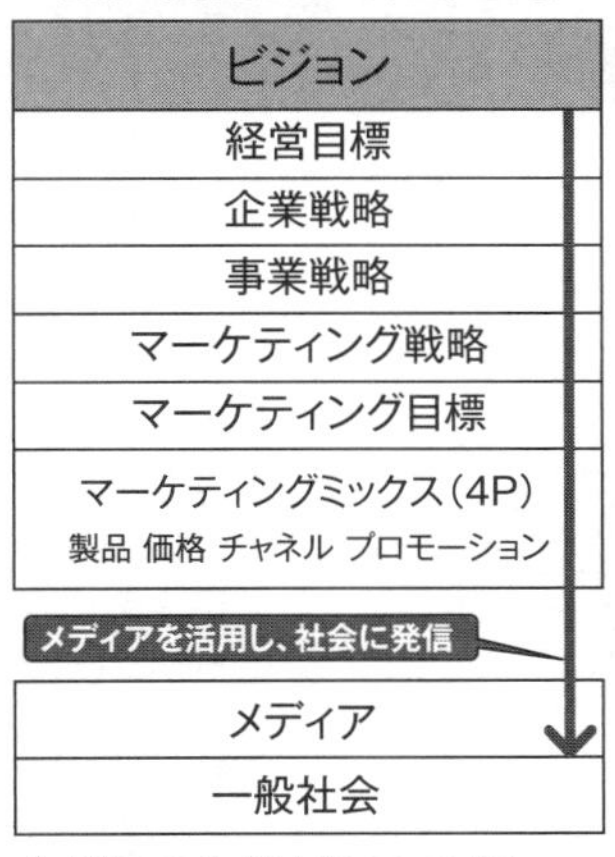

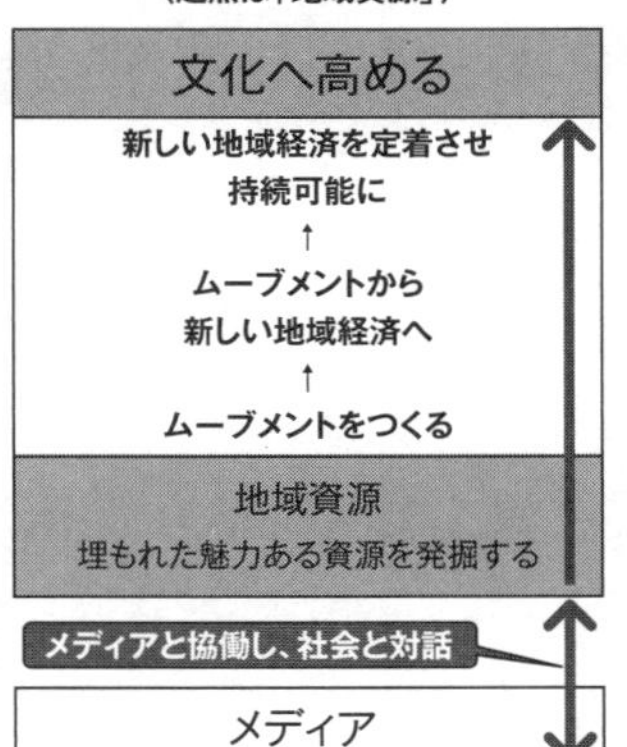

企業PRと地域PRの違い

は大きく異なります。

上の表で説明いたしましょう。表の左側の「企業ＰＲ」が、これまでの日本のＰＲの常識です。まず、ＰＲを通じて広く社会の人に知ってもらいたいと考える理念や商品が、あらかじめ決まっています。それに対し、「どれだけ売るか」「どのように売るか」「どこで売るか」といった目標・戦略を設定し、ＰＲ対象のターゲットやイメージづくりが固まった段階でＰＲ業務がスタートします。表で「マーケティングミックス」と記されている段階がスタート地点です。

この手法に沿ってPR業務をおこなうのであれば、前述のように「活動の成果が売り上げにどう反映されるかは、仕事の範囲外」と考えるPR業者がいるのも当然と言えるでしょう。また、この従来型の手法の大きな特徴のひとつは、表からもわかるように作業や金銭の流れがトップダウン型である点にあります。

いっぽう、表の右側が私の考えるPRです。左側の「企業PR」と対比させるために「地域PR」という名称にしましたが、私が中小企業に依頼されて手がけるPRも、多くをこのスタイルで進めます。ようするに、かぎられた予算・時間のなかで確実にPRの効果を上げるための手法と言えるでしょう。

左側の手法がトップダウン型であるのに対して、右側はプロジェクトの進み方も金銭の流れもボトムアップ型です。具体的には、後述する「ひこにゃん」や「うどん県」のケースも右側の手法でPRしたものですが、まず私が自治体から預かった予算を使ってメディアに訴えかける。それによって、最初にひとつのムーブメントをつくり、それがブームに発展し、その波及効果で、ひこにゃんの場合なら「国宝・彦根城築城400年祭」への集客、うどん県の場合なら香川県の知名度アップといった直接の目的を達成しながら、さらにその周辺の人々にも経済効果がボトムアップしていくというものです。

そして、最終的には「国宝・彦根城築城４００年祭」というイベントへの集客だけでなく、より深く広い意味で彦根城に対する認知と愛着を根づかせていく。つまり、ＰＲを通じて、ひとつの文化をつくっていくのが目標です。そのために具体的な「人が自ら動く仕組みづくり」が必要となるのです。

私が考えるＰＲとは、これまで興味をもっていなかった人に訴えかけて、自発的に「ほしい」「使いたい」「行きたい」と思ってくれるように働きかけていくことです。

マイブームからムーブメントへ

では、いったいどのように「人が自ら動く」仕組みをつくればいいのか。それは、具体的にどういうことなのでしょうか。

たとえば、ある洋菓子店がつくるケーキをＰＲするとしましょう。

従来型のＰＲであれば、雑誌などにケーキが掲載されるよう働きかけ、「話題のケーキ！」と銘打ってもらうことまでで終わりかもしれません。それが巧(うま)くいけば、一過性の客が突風のように店に押しかけ臨時の増益を生むこともあるでしょう。しかし、こういった現象を経験した業者が口を揃えて言うように、それは従来の常連客が遠退くというマイナスの効果にもつながります。PRされる側であるクライアントは、一過性の客ではなく、継続してケーキを買ってくれる客を求めています。

このケースで言うと、一過性の客が突風のように押しかけてくる状況は、従来型のPRによってつくり出されたブームと言えるでしょう。かつては、この形のブームで非常に大規模なものが数多くありました。一九六〇年四月に発売された「ダッコちゃん」は同年末までに二四〇万個を売る大ヒットとなりましたし、ほかにも「フラフープ」「アメリカンクラッカー」「たまごっち」など高度成長期からバブル期を経て二〇世紀末までは同様のメガブームが断続的に登場してきました。しかし、ライフスタイルの多様化が進んだ現在では、かつてのようなメガブームはそう多くは見られなくなりました。

ブームという言葉は、「××がいまブームになっている!」「ブーム請負人!」など、PRの現場でも使われる言葉です。しかし、ブームという言葉を辞書でひくと、「ある物が一時的に盛んになること」とあるように、ブームとは一定期間の熱狂で終わるものなのです。

現在、ブームと聞いて多くの人々がイメージする言葉は「マイブーム」ではないでしょうか。社会現象としてのブームではなく「いま、私はこれにハマっています」という意味ですが、このマイブームが集まって生まれるもの＝ムーブメントこそが私の考えるＰＲ戦略で核となるものです。

「個人へのアプローチ」がＰＲの基本であることは既述のとおりですが、ブームについても、トップダウンでつくり出されたものではなく、マイブームが数多く集まって、ムーブメントに高まったものというふうに考えています。ＰＲ対象がケーキであるなら「いま、このケーキにハマッています」というマイブームを可能なかぎり数多く喚起することが、ＰＲの第一歩です。

つくられた社会現象としてのブームが例外なく一過性であるのに対し、マイブームが集まって生まれたムーブメントはより永続性の高いものです。クライアントも当然、一時的なものではなく永続的なムーブメントを望むでしょう。

マイブームの当事者である個人は、現在のインターネット社会であれば間違いなく、ツイッターやフェイスブックを通じて自分がハマッているケーキに関しての情報を発信します。その結果、さらに新たなマイブームが生まれる。こうした効果を生み出す情報の拡散も、トップダウンでつくられた従来のブームでは期待できないものです。マイブームをひとつひとつ喚起し、ムーブメントに高めていくことこそが「人が自ら動く仕組みづくり」の起点となるのです。

このように、まず「マイブームからムーブメントへ」というPRの考え方を、私は「ムーブメント思考」と名づけています。PRの対象となる商品の周辺で起きたムーブメントを永続的なものにしていくためには（クライアントが望む「継続して買ってくれる顧客」を増やしていくためには）、商品の「新たな価値」を見出していくことが必要です。しかし、本当の意味で「新たな価値」というのは、製造・販売する側やPRの担当者が「これが新たな価値」と言って決められるものではありません。ケーキを入れてくれる箱のデザインがオシャレ、客席のイスが座り心地最高……こういった価値を新たに見出してくれるのは、つねにムーブメントの当事者（消費者）たちなのです。

では、そのムーブメントをどのように喚起していくか。具体的な手法は、たとえば対象となるケーキをあえて個数限定にしてみたり、ペットも食べられる食材のケーキにしてみたりなど、ケーキの内容や洋菓子店の立地など条件によって変わってきます。それぞれのケースに応じた対応は第三章で詳述しますが、「個人へのアプローチ」という基本は変わりません。マイブームからムーブメントへという「ムーブメント思考」は、私のＰＲにおける根幹となるコンセプトです。

『北風と太陽』の太陽のように

さて、ここまでＰＲという言葉をなにげなく使ってきましたが、ＰＲとはPublic Relations（パブリック・リレーションズ）の略語です。パブリック・リレーションズには、「多くの人々に知らせて、社会的に好ましい信頼を得る」という意味があります。一般的には、ＰＲとは商品についての情報を拡（ひろ）めて、人々に認知してもらう活動とも言えます。

ＰＲというと、広告や宣伝を思い浮かべがちですが、前述したとおり、私はどんなＰＲにおいても「人が自ら動く仕組みづくり」を最終目標としています。つまり、ただ宣伝をしているだけでは目標に到達できません。

一般的な広告・宣伝と、ＰＲの手法の違いは、イソップ寓話『北風と太陽』にたとえて説明するとわかりやすいと思います。この寓話は、北風と太陽がマントを羽織ったひとりの旅人を巡って、「マントを脱がせたほうが勝ち」という勝負をする物語。まず北風が「得意の強い風でマントを吹き飛ばしてみせよう」と旅人に強風を吹きつけますが、旅人はそれまで以上にマントをしっかり身に着け、飛ばされまいとします。次に、太陽が「それじゃ、私がマントを脱がせてみせよう」と言って、旅人を燦々と照らします。すると、暑くなった旅人は、自らマントを脱ぎました。軍配は太陽に上がったのです。

私は、この北風を「広告」、そして太陽を「ＰＲ」と考えます。広告とは、強い力＝潤沢な予算で人を振り向かせようとするもの。対するＰＲは、まわりの空気を変えることで、人々が自ら行動を起こすように促すものです。

では、「まわりの空気を変える」とは、いったいどういうことなのでしょうか。

二〇一一年の秋におこなった「うどん県。それだけじゃない香川県」のＰＲを例に説明しましょう。

「うどん県」はなぜ成功したのか？

うどん県のプロジェクトは、たった一回の記者発表会に、ある「仕掛け」を施したことで、インターネット上でムーブメントを起こしたところから始まりました。その仕掛けによって、香川県庁のサーバーに一日で約一七万件のアクセスが集まり、この現象が全国のマスメディアを通じて三〇二件ものニュースとして取り上げられ、その広告効果は八億九七三〇万円に及びました。インターネット上に自発的な人の動きを喚起したことで、ひと晩で全国的なブレイクを果たしたと言えますが、もともとうどん県のＰＲは、非常に困難な状況にありました。

ある日、香川県からこのような依頼があったのです。

「地元の映像製作会社に依頼してプロモーションビデオをつくったものの、予算の関係で十分なテレビＣＭが打てない。その分、ホームページで動画を公開するので、ＰＲの力で何とかしてほしい」

このプロモーションビデオは二〇一一年に製作され、香川県出身の俳優である要潤（かなめじゅん）さんが「香川県はうどん県に改名いたします」と宣言するものでした。しかし、せっかくのプロモーションビデオも、予算が尽きてしまい、テレビCMを打つには予算が足りず、何のために製作したのかわからないような状況に陥っていました。

うどん県という言葉は、もともと地元で使われていた言い回しでした。それをプロモーションビデオの製作会社がキャッチコピーに採用していたのですが、すこし自虐的なところもあって、なかなか面白い。人の興味を惹く、強いインパクトを与える言葉だと思いました。

しかし、以前からあった言葉なのに県外の人たちにはほとんど知られていません。そこで、まずこのうどん県という言葉が潜在的に秘めているパワーを最大限に引き出すには、どうしたらいいかを考えるところからスタートしました。この言葉を〝面白がってくれるはずの相手〟に届けることを、PRの最初の「仕掛け」のステップとしたのです。

私は、まず要潤さんをうどん県の副知事に任命することを香川県にお願いしました。そして、実際に県知事自らが任命式をおこなう記者発表会の場にカリスマ・ブロガー二〇名を招きました。ブロガーを招いた理由は、まずインターネットが急速に普及するなかで彼らの影響力が増大し続けていたことがあります。これはいまや常識と言ってもいい思考で

「うどん県」で知名度がアップした香川県　写真提供／共同通信社

すが、当時、役所の記者発表会に、マスメディアではない素人の彼らを招くといった考え方はなく、招かれたブロガーたちも戸惑う状況でした。

　そんななかでブロガーにこだわったのは、現実的には「香川県はうどん県に改名いたします」という架空の内容では、新聞・テレビなどのマスメディアで取り上げてもらうのは困難だったからです。当初は要潤さんのネームバリューを活用して記者発表会に芸能記者たちも呼ぶ予定だったのですが、期待していたほどの反応が得られませんでした。また、テレビCMの枠を買うことができない県側から「プロモーションビデオは専用のサイトからインターネットで配信するので、それを話題にしてください」と言われていたこともありました。それで、インターネット界で大きな影響力をもつカリスマ・ブロガーたちを記者発表会に招いたわけです。

ブロガーたちの影響力は絶大でした。「香川県がうどん県に改名したなう」と、ツイッターやブログなどでたちまち伝播(でんぱ)していき、何とその夜には動画を配信するサイトにアクセスが殺到、香川県庁のサーバーをダウンさせるほどの大反響となったのです。

香川県に続け！

これに続いて有力サイトのニュース速報や新聞記事、テレビニュースにも、「『うどん県』を巡る動きがネット上で大変な盛り上がりを見せている」という現実のニュースとして取り上げられ、いよいよ全国に知れ渡るようになりました。うどん県のブームは、インターネットから火がついて、マスメディアへと拡がっていったのです。

うどん県という言葉は、翌二〇一二年の「ユーキャン新語・流行語大賞」にノミネートされるほどに認知されました。そして、それほどのブームになると、今度は新しい社会現象が起き始めます。この章の最初で紹介したとおり、ＰＲの成果がボトムアップして、本来の対象の周辺にまで波及効果が表れたということです。

香川県に続けとばかりに、他県が次々にユニークなキャッチコピーを打ち出し始めたのです。二〇一二年の広島県の「おしい！広島県」、二〇一三年の高知県の「高知家」などは、その当時に登場した代表例で、「地方自治体の自虐PRブーム」と言われるムーブメントが起きました。うどん県の成功をきっかけに他県の人々が自ら動き出した、ということです。

SNS（ソーシャル・ネットワーク・サービス）などのインターネットを利用したPR展開の詳細については後述しますが、こういった新しいメディアを使うにしても、テレビや新聞のような従来型のメディアを使うにしても「成功するPR」の基本は変わりません。それは、このように「人が自ら動く」空気をつくり出すということ。〝太陽〟の戦略を巧く実行できれば、テレビCMなどの広告展開をおこなうような潤沢な予算はなくても、それは実現可能なのです。

「地方発」のＰＲがもつ可能性

ＰＲでターゲットとする相手は、取り上げるモノやサービスによって、また、そのときどきの社会的背景によっても変わってきます。したがって、ＰＲの世界に「こうすれば絶対に成功する」という万能の法則はありません。クライアントも私も納得する戦略は案件ごとに変わります。

私へのＰＲ依頼はほとんどが地方であることは述べましたが、「この商品を売ってほしい」というものから「人口を増やすためにはどうしたらいいか」といったものまで、その依頼内容は千差万別です。依頼主も地方の行政機関や振興会などさまざまです。

当然ですが、地方にとって、ＰＲにかけられる予算はごくかぎられたものです。予算は三〇万円、五〇万円といったケースもめずらしくありません。同業者からは「そんな小さな仕事もするのか!?」と驚かれることもありますが、私は予算的に大きな仕事ばかりを狙うことはしません。

ひとつには大手広告代理店ができないことをやりたいという意図があります。私も昔、大手広告代理店に勤めていたので、広告業界の巨大マーケットで仕事をすることがいかに大切であるかを知っているつもりです。ただ、私が理想と考えるPRは「永続性を生むPR」です。大きな予算を短期集中で投下するPR戦略が間違いだとは思いませんが、方法によっては、PRは単なる宣伝効果を超えた「社会現象」や「文化」のレベルまで高めることができると思っています。そのため予算の多寡や依頼案件の大小にこだわる必要はまったくありません。

また、PRには「メディアとの連動」が欠かせません。特にインターネットのように水平方向の拡がりをもつメディアでは、もはや中央も地方も関係ありません。その点で考えても、中央集権的な構造のなかで潤沢な予算を確保できる商品を紹介するよりも、低予算であっても、「地方発」のPRに大きな可能性を感じています。

「地方がもつ可能性」については、第二章で詳しく述べていきます。

曖昧(あいまい)は許されない

単に商品の存在や価値を人々に知ってもらうだけでなく、具体的に「人が自ら動く仕組みをつくる」までがPRの仕事。そう考えるようになった背景には、私が大阪を拠点に仕事をしていることも大きく影響しています。大阪は、商売に関してとてもシビアな地域です。結果が見えないものには、おカネは一切払いません。

たとえばPR業界でよく使われる「PR活動費」などといった曖昧な費用は認められません。

「PR活動？　何やのこれ。努力のことか？　努力にカネかけたらあきまへんで」

と言われてオシマイです。

「多くの人に知ってもらうのは当たり前。そこから結果を出さんと、価値なんか微塵もあらへん」

これが大阪人のPRに対する本音です。

あるとき、船場の問屋で長く商売している生粋の大阪商人が、こう助言してくれました。船場は、大阪で江戸時代から商業の中心として栄えてきた土地です。

「PRが大変なのはようわかる。そりゃ、人が動くんやから人件費もいるわな。でも、どんなに汗かいても、商品が売れへんかったら何の価値もないやろ。それこそ、単なるマスターベーションや。それも、新規の客が自分から好きで集まってくるようなPRでないと、価値ないわ。それができるんやったら、よろこんでカネ払うわ」

この助言も、私がPRの極意を「人が自ら動く仕組みをつくること」だと考えるようになった大きなきっかけでした。また、大阪ではPRという値づけの難しい仕事にも、つねに明朗会計が求められます。

PR業務では、ひとつのプロジェクトのスタートとゴールが曖昧になりがちです。たまに「ある会社にPRを依頼したけれど、結局どの程度の効果があったのかわからなかった」といった相談を受けることがあります。たしかに、そのようなケースもあるでしょう。すべての案件に対して、すぐに具体的な成果を見せることは難しいのが現実です。

しかし私は、請求する費用に関して曖昧な項目はすべて排除し、何ごとも明確にするようにしています。たとえば『月刊メディア・データ』という雑誌がありますが、そこで各メディアの広告料金が定期的に発表されます。その数字をもとにして、PRによるメディア露出の成果を「もし広告枠を買っていたら、これだけの費用が必要だった」と換算して費用対効果を明確に示す方法を採用しています。「新聞の記事として、これぐらいのスペースに載った」「テレビの○○という番組で何分間特集された」など、露出のひとつひとつに対して細かく見ていき、ＰＲの効果を数字で明確に表すようにするのです。これは曖昧さを排除する姿勢のひとつですが、企画提案の時点で「この企画を実施していただければ、必ず、これは実現します」と具体的なＰＲ効果を約束することにしています。つまり「成果を保証して予算を預かる」という形です。

もちろん、ＰＲの業界内ではこの換算方法をとることに、否定的な意見があるのも承知しています。「そもそも、記事と広告は違うものだ」という意見です。しかし、クライアント側の立場から見れば、明朗会計ほど安心なものはないのではないでしょうか。お互いにとってよい方法だと考えています。

PRで守らなければいけない「四つの理念」

ここまで述べてきたようにＰＲの目的は人が自ら動く仕組みづくりですが、では、何をしてもいいのでしょうか？　もちろん、答えはノーです。ＰＲには、以下に挙げる「四つの理念」があり、これは厳格に守らなければなりません。

そもそもＰＲは、二〇世紀の初めにアメリカで生まれ、発展した概念・手法です。ご存知のとおり、アメリカ社会は多種多様な人種によって構成されています。当然、個々の価値観も異なります。そのような社会（Public）で人々が共存し、複数の信頼関係（Relations）を築くための行為がＰＲです。四つの理念も、この原則の上にあるものです。

- 事実に基づいた正しい情報を提供する
- ツーウェイ・コミュニケーションを確保する
- 「人間的アプローチ」を基本とする
- 「公共の利益」と一致させる

（日本パブリックリレーションズ協会編『広報・ＰＲ概論』〈同友館〉より）

なぜ、これらの理念を守ることが求められるかと言えば、ＰＲの目的が人が自ら動くことにあるからです。たとえば、ひとつめに挙げた「事実に基づいた正しい情報を提供する」ということが守られず、デマや流言によって人が動くと、非常に危険な状況を引き起こしかねません。歴史を振り返っても、そういった悲劇の例はいくらでもあります。

先に挙げたうどん県の例は、「香川県が『うどん県』に改名した」という点で言えば、事実に反します。しかし、その内容を伝える記者発表会をおこない、実際に現職県知事による任命式をおこなったことで「正しい情報」としました。その結果が、任命式に招いたカリスマ・ブロガーたちの情報発信から始まるセンセーションとなったのです。

ふたつめの「ツーウェイ・コミュニケーションを確保する」というのも、価値観の異なる人間が集まる社会で相互に信頼関係を築くためには必要不可欠なものです。また、この点がPRと広告の最大の違いと言ってもいいかもしれません。

三つめの「『人間的アプローチ』を基本とする」は、PRの基本理念が社会を抽象的にではなく具体的に捉えるものだというところに由来しています。そして、これもPRと広告で大きく異なる点です。最近は特にインターネット上の広告などでネットユーザー個々の嗜好を分析した展開もされていますが、広告は基本的には発信する対象を「個人」ではなく「購買層」と考えています。これは社会を抽象的に捉えていることになります。PRは、そうではなく、あくまでも個人に向けて発信するもの。「価値観の異なる個人の集まりが社会」であるという前提に立ち、社会をそのコアとなる構成員から具体的に捉えるのです。人間的アプローチでなければ、抽象的な「購買層」に向けた発信はできても、具体的に社会を構成する「個人」に訴えかける情報の発信はできません。

四つめの「『公共の利益』と一致させる」も、ＰＲの基本理念として当然のことです。情報を発信する側は、つねに「自分も社会の一員である」ということを忘れてはいけません。

そして、これら四つの理念を守るからこそＰＲはたとえば政治的な意図をもって人々を煽動(せんどう)するプロパガンダとは異なるものだと言えるのです。

広告は消費者層に向け、ＰＲは個人に向けて発信する

「四つの理念」を説明したことで、ＰＲと広告の違いがより鮮明になったのではないでしょうか。ＰＲは個人に向けて発信するもの、広告は消費者層に向けたものと言うことができます。しかし、日本ではアメリカと比べ、ＰＲの本質に関する認識がまだまだ十分ではありません。ＰＲの理念と手法が日本に伝わってきたときに、これを「広報」と訳したこ

とも認識の低さを示す例だと思います。広報という言い方は、情報の発信者が一方的に自分の言いたいことを伝えることで、「ツーウェイ・コミュニケーションを確保する」という理念に合致していません。

第二次世界大戦中の「大本営発表」などは一方的な（かつ、多くの場合で事実に反する）喧伝（けんでん）の最たるものですが、日本人はまだどこかで「上意下達」の文化に親しんでいます。もちろん、最近は役所の部署名も「広報課」から「広報広聴課」に変えるところが増えていますから、意識改革が進んでいることも事実でしょう。PRに関する日本の現状は、ちょうど旧から新に切り替わろうとしているところ、ようやく正しい認識が根づき始めているタイミング、そんな過渡期にあるのではないでしょうか。

では、日本の〝旧〟はどのような状況だったのでしょうか。そのことを考えることで、PRと広告の違いもさらにわかりやすくなると思います。

先ほどの「上意下達」というキーワードは、まさに旧時代を象徴するものです。情報と権力を一部の支配者層が独占している状況で、そこから発信されるのは彼らにとって都合のいい情報でしかありませんでした。また「情報が誰に向けて発信されているか？」という点でも、それは〝大衆〟という抽象的な対象でした。こういった状況では、発信された情報に基づいて人々が動いた場合、本来のＰＲの目的である「相互の信頼関係を築く」というところにつながらず悲劇を引き起こす可能性すらあるのは、すでに述べたとおりです。

なぜ、日本がこのような状況にあったかというと、人種、宗教などの点で多様かつ起伏の激しいアメリカ社会と比べ、日本の社会がはるかに平坦（へいたん）だったということが考えられます。そのように多様性の乏しい社会では、情報の発信先も個人ではなく大衆という抽象的な対象となるのは、ある意味、当然かもしれません。そして、繰り返しになりますが、これはＰＲではなく広告の手法につながります。だからこそ、多くの日本人は広告には親しみをもてても、ＰＲの理念を説明すると「ピンとこない……」という反応が返ってくるのです。

では、〝新〟の状況はどんなものか。わかりやすい例は、インターネットの世界です。そこには「上意下達」の垂直型の社会は存在せず、すべてのユーザーが自身も情報を発信しつつ水平型の関係を築いています。簡単に言ってしまえば、ツーウェイ・コミュニケーションが当たり前のネット社会では、個人のユーザーたちが他者の発信した情報に接しつつ、自分たちもほかの個人に向けてＰＲをおこなっているのです。

PRの四つの役割

また、企業には自社の広報部（PR部門）に対して求める「四つの役割」というものもあります。

- センサーとしての役割
- 企業の良心としての役割
- コミュニケーターとしての役割
- モニターとしての役割

（日本パブリックリレーションズ協会編『広報・PR概論』〈同友館〉より）

簡単に説明すると、最初の「センサーとして」は、いま社会でどういうことが起きているか、何が流行（はや）っているかをほかの部署に先駆けて察知し、経営陣に伝える役割。ふたつめの「企業の良心として」は、PR部門が社会に向けて開かれた企業の窓口であることから、経営陣に社会の良心を伝える役割。三つめの「コミュニケーターとして」は、クレームなどへの対応も含めて、開かれた窓口としてコミュニケーションを図る役割。そして四つめの「モニターとして」は、自社の発信が社会にいかに受け取られ、どのような社会的イメージが形成されているかをリサーチする役割です。

社内の会議で自分の企画を通すためのＰＲ

さて、ここまで読んで「ＰＲが単に商品の購買に向けて人を動かすだけのものではない」ということに気づいた方もいるかもしれません。ＰＲは、購買という行為にかぎらず、もっと広い意味で「人が自ら動く仕組みをつくる」ものなのです。金銭的な売り上げや利益は、ＰＲがもたらす成果の一部にすぎません。

ここからすこし、ＰＲ業務に関わらないビジネスマンが実際に日常的に応用できるＰＲの方法を考えていきましょう。

自分の勤める会社のなかで企画会議があるとします。あなたには、以前から温めてきたプランがある。それは、たとえば新商品の開発から発売に向けての企画です。当然、あなたには、その商品が社会の多くの人を幸せにし、会社にとっても利益をもたらすものだという自信があります。つまり「『公共の利益』と一致させる」という点で、ＰＲの理念に合致します。多くの人は「ＰＲは商品化が実現してから始まるもの」と考えているかもしれませんが、そうではありません。ＰＲが「個人に向けたもの」であることを考えれば、役員などの上司や同僚たちをまえにした社内会議の段階から、その手法をおおいに活用すべきです。

会社や会議の参加メンバーを抽象的なものと捉えてはいけません。あくまでも個人として、具体的に捉えること。それがＰＲ活動の最初のステップとなります。企画会議はあなたのプランを発信する対象ではなく、あくまでもＰＲの場。会議は、その場の名称にすぎません。あなたが自分の企画を訴えかけるのは、参加メンバーのひとりひとり、個人なのです。

このように考え、訴えかける対象を具体化することを、私は「見える化」と言っています。会議に参加し、可否を決める権限をもつ人が一〇人なら、六人から賛意を得られればあなたの企画が通る可能性は高いと言えるでしょう。しかし、多くの人は訴えかける対象を会議という抽象的なものと捉えているため、一〇人全員を相手にしてしまいます。それではは効果的なＰＲはできません。会議のメンバーで可否を決める権限をもつ人それぞれのキャラクターを考え、個人として捉えて対策を練るのです。この作業が「見える化」です。「見える化」によって会議のメンバー個々のキャラクターが把握でき、会議の進み方・行方についても予測が立てられるようになります。たとえば、つねに新しい企画には自分から進んで賛意を示すことはないキャラクターをもつＡという役員の存在を、まず「見える化」したとします。すると、このＡという個人を具体的に考えることで、この人はＢという役員が「いいんじゃない？」と言えばゴーサインを出す傾向が見えてくるかもしれません。ならば、Ｂに向けて訴えかけるのです。それが成功すれば、まずは一〇人のうちのふたりから賛意を得ることにつながります。

会議の参加メンバーひとりひとりが、どのようなキャラクターや思考回路をもっているのか。それを考え、具体的な「個人」に向けて情報を発信することは、まさにＰＲの手法です。ＰＲは企画が商品化され、発売されてから始まるのではなく、自分のプランを通すための会議でも効果を発揮するのです。

日本では、多くの大企業に広報を担当するセクションがあることから「ＰＲは企業による商業的活動に付随するもの」という認識が根強いのですが、本当は「個人」という視点で社会を具体化（見える化）して捉えることが必要なのです。

ビジネスシーンでのメール

現在のビジネスシーンで、メール（e-mail）は極めて重要なツールとなっています。毎日の仕事で、取引先とのメール交換をしない日はないでしょう。このメールでの情報交換にも、ＰＲの考え方・手法を取り入れることが可能です。

取引先から届くメールに、ＣＣ（カーボン・コピー）で面識のない人物が記されていることはありませんか？　メールのアプリケーションを操作すれば、ＣＣのメールアドレスから発信者と同じ会社の人物であることがわかることも多いと思います。たぶん、それは多くの場合、発信者の上司であることが想像できるはずです。

同じような状況でのメールでも、ＣＣに自分の上司を加えて発信しない人も少なくありません。では、ＣＣに自分の上司を加える・加えないの違いはどこにあるのか。多くの人が考えるように、ＣＣに自分の上司を加えて発信する人は、上司に対して「情報を共有している」という体裁をとりながら、実は「仕事をしています」というアピールをおこなっている場合が多いのです。

私の知人には、そういうメールを「鬱陶しい」と考える人もいますが、ビジネスシーンでＰＲの考え方・手法を駆使して成果を残そうとするのなら、その考えは誤りです。まず、そのメールは「この発信者は上司に『頑張っているな』と思われたい」という情報を含んでいます。つまり、あなたが一緒に仕事をする「取引先」という社会を具体的に捉えるための大きな材料となるのです。

繰り返しますが、あなたがビジネスシーンで成功するためにＰＲする対象は、取引先という抽象的なものではなく、そのメールの発信者や、その上司といった個人なのです。そう考えれば、メールの返信には「発信者がＣＣとして情報交換に参加している上司に読まれてうれしい内容」「上司としても、部下が取引先を相手に『誠実に頑張っているな』と感じられる内容」を記すという明確な指針が見えてくるでしょう。単に業務上で必要な情報を無機的に交換するだけでなく、自分の情報を誰に向けて、どういう効果を狙って発信するか。それを考えるのがＰＲです。

また、ＰＲが個人に向けたものだということを考えれば、メールでの感情表現も重要なテーマです。相手の〝業務連絡〟に対して、単に「ご連絡、拝受しました」と返すのではなく「うれしい連絡をありがとうございます」というように、短い言葉で自分の感情を表現することで印象は大きく異なります。

お互いの読む手間を考えた上で、必要最低限の情報を交換する。そんなビジネスシーンでのメール交換だからこそ、邪魔にならない程度の感情表現は、ＰＲに必要な「個人対個人のコミュニケーション」を育むきっかけになるはずです。

ピンチをチャンスに変えるＰＲ

私は子どものころ、母親が家出したことで学校でいじめに遭ったことがあります。実は、このときの経験が、おとなになってＰＲを生業とする上で非常に大きく役立っています。キーパーソンは、近所の商店のオバチャンでした。

いじめられて「死にたい」と思いながら、ぼんやり歩いていた私に、「みきちゃん、どうしたの？」とオバチャンが笑顔で声をかけてくれました。オバチャンの店に入って、「学校へ行きたくない」「家にも帰りたくない」と泣きました。すると、オバチャンはやさしい笑顔で私の話を聞き、「じゃあ、ここにいればいいよ。ちょうど手も足りなかったから」と店番の手伝いをさせてくれたのです。

もちろん、小学生だったので、アルバイトは禁止されていましたが、オバチャンは、店番のお駄賃と、売れ残った野菜やパンを手渡して「これ、残ったし、よかったら食べてや」と言ってくれたのです。

私は「居場所」と「食料」（当時、貧乏で食べものも買えなかったので）を同時に得ることができ、すこしずつ元気を取り戻しました。ただ「店にいていいよ」ではなく、店番という仕事を与えてくれたことが、「こんな私でも役に立てるんだ」と思える要因になりました。

いじめに遭って苦しんでいたとき、私が自分を取り巻く社会を構成するメンバーとして意識していたのは、学校の仲間と家族だけでした。商店のオバチャンは、近所で日常的に接していたのに、意識の外にある存在。しかし、そのオバチャンが私を救ってくれたのです。当然、「私のまわりには、こうやってやさしくしてくれる人もいるんだ」と思いましたし、自分を取り巻く社会を具体的に捉えることができました。つまり、それに気づくまでの私は、家出した母親や、いじめっ子たちだけで社会が構成されているように捉え、漠然と、抽象的に「社会は辛いものだ」と感じていたのです。

この体験以来、私は自分を取り巻く環境、あるいは仕事先の人間関係などを可能なかぎり「見える化」するようになりました。そうすることで、たとえピンチに遭遇しても、あのときのオバチャンのような〝救いのキーマン〟を探し当ててチャンスに変えることができるのです。

実際に、こんな出来事がありました。

私が「どうしても会いたい」と思うテレビ局のプロデューサーがいたのですが、まったく相手にしてもらえません。電話をしても、局に出向いても会ってもらえず、居留守を使われることもありました。こんなときこそ、社会を具体化して捉えることが求められます。私はプロデューサーを取り巻く環境、テレビ局の人間関係を「見える化」してみました。すると、キーパーソンとして受付の女性スタッフの存在が見えてきたのです。

プロデューサー自身が「大切な人」と考える来客を迎える際、テレビ局の窓口となる受付の対応は非常に重要な意味をもちます。そういった役割を担う女性たちに快適に仕事をしてもらうために、プロデューサーが日ごろから気を遣って接していることは容易に想像できました。そこで、私は彼女たちに四つ葉のクローバーをプレゼントしました。相手との親密な関係を築くための入り口となる「贈りもの」は、高価なものであってはいけません。相手が恐縮するような品物は、逆効果となることもあります。「これ、近所の公園で見つけたから」、そう言って四つ葉のクローバーを渡すと、彼女たちはとてもよろこんでくれて、それから親しく会話できるようになりました。

続いて、いつも同じ場所に座っていなければならない彼女たちの仕事を考えて「おいしい店を見つけたから、一緒にランチしましょう」と誘いました。反応は良好。これも、味はいいけれど高級店ではなく、普通のＯＬが行く店で、しかもワリカンにします。そうすることで、いわゆる「接待」とは違う効果、親近感が芽生えてくるのです。

さて、その結果はどうなったでしょう。まず、彼女たちからの情報で「プロデューサーに面会しやすい時間帯」を知ることができました。さらに「あの人は、あそこのアップルパイが好物だから、もっていくといい」といった個人的な好みまで教えてもらいました。そして、何よりプロデューサー自身も大切な存在と考える受付の女性たちと親密な関係を築けたことで、それまで取りつく島もなかったプロデューサーの態度が一変したのです。

これは一例にすぎませんが、ＰＲ業務に関わらない仕事だとしても、ＰＲの手法を仕事に活かすことは可能だということがおわかりいただけたと思います。

次章では、これまでに手がけたＰＲを例に挙げながら、具体的なＰＲ展開について述べていきましょう。

第二章　個人の単位から社会的な動きへ

二〇〇万人という臨界点

社会を抽象的な集団としてではなく、それぞれの価値観をもった個人の単位で見て、具体的なものとして捉えること。そして、その個人に向けて情報を発信することがＰＲの基本であると、前章でお伝えしました。また、ＰＲの目的は社会を動かすことだとも述べました。では、社会を構成しているひとりひとりの個人に向けた情報が、どうやって拡まり、最終的に社会全体の動きにつながっていくのでしょうか。この章ではＰＲの具体的な方法、その効果的な展開の仕方について紹介していきます。

個人に向けた情報が拡散し、それが最終的に社会的ムーブメントとなるのは、傾いてグラグラしていた物体がある限界を超えたとき一気に倒れるのと似ています。つまり、基準となる〝臨界点〟が存在していて、そこには数値として一定の法則が存在すると私は考えています。

私の考える〝臨界点〟は、約二パーセント。現在の日本社会が一億人のスケールだとすれば、二〇〇万人に伝えることができれば、そこから先は拡散されることで生命をもった

1995年の「今年の漢字」は「震」だった　写真提供／時事通信社

かのように、情報そのものがＰＲを新たな次元に導いてくれます。そして、約二パーセントという〝臨界点〟の先にある新たな次元こそが、私が理想と考える「永続性を生むＰＲ」です。

具体的な例を挙げれば、日本漢字能力検定協会が一九七五年から実施し、私が一九九五年からＰＲを手がけた「日本漢字能力検定」があります。私が関わり始めた当初、この試験の受験志願者は六〇万人程度でした。しかし、いまでは日本の年末の風物詩として定着した「今年の漢字」を発表するようになって数年が経過すると、二〇〇二年度には受験志願者が二〇〇万人を超え、さらに二〇〇七年度には二七〇万人に達したあたりから、ガラリと周囲の空気が変わりました。当時の日本の人口が約一億三〇〇〇万人でしたから、二七〇万人というのは、ちょうど二パーセント強にあたる数字です。

たとえば、ゲームソフト会社が日本漢字能力検定をゲーム化したり、合格者が着けるワッペンをつくりたいという業者が現れたりと、PRとして本来の目的を考えれば想定外の展開につながっていったのです。もちろん、これもPRが「人が自ら動く仕組みをつくった」例と言うこともできます。

もうひとつ二パーセントの根拠をこれまでのPR例で挙げるとすれば、「ひこにゃん」にスポットを当てた二〇〇七年の「国宝・彦根城築城400年祭」で彦根市を訪れた観光客数が二四三万人だったことでしょう。地方の博覧会では一〇〇万人を超えたら成功、と言われるなかでは成功事例と言えます。

ちなみに、世界的にヒットしたものとして、二〇一四年に公開されたディズニー映画『アナと雪の女王』があります。この『アナ雪』のMovieNEX（ブルーレイ、DVDなどのパッケージ）は、発売初週で二〇〇万枚を突破しました。関連商品も続々とつくられるなど、その盛況ぶりはみなさんも記憶に新しいところでしょう。

これらの経験から、私は二パーセント（＝現在の日本なら約二〇〇万人）を、ひとつの基準として考えるようになりました。二〇〇万人という数字は、いまの日本社会で「一過性のヒット商品」か「新たなマーケットにつながる商品」かを分ける明確な基準であり、そこからさらに永続的な社会的ムーブメントにつながるための臨界点だと考えています。

人々が次に何を求めるか？

では、ＰＲとして成功の条件となる「二〇〇万人」への情報拡散は、どのようにすれば実現できるか。まず、二〇世紀に活躍したアメリカの心理学者アブラハム・マズローが唱えた「欲求五段階説」について紹介したいと思います。

これは、人間の欲求を「食べる」「寝る」など本能的なものから、より知的で文化的なものまで五つの段階に分けて考え、人間を「自己実現に向けて絶えず成長する生きもの」として捉えた理論です。つまり、人間の生き方には一定のベクトルがあり、それぞれの段階ごとに「何を求めるか？」が決まるという考え方で、現在ではＰＲ業界を含めて経営全般に広く応用されています。

この理論によれば、人間がまず求めるのは食べる・寝るなどの「生理的欲求」です。そして、次の段階が「安全の欲求」。人間は生理的欲求が充たされると、次に安全な居場所を求めるようになります。さらに、これも充たされると次に「社会的欲求」が出てきます。これは、社会に認められたい、あるいは他者と信頼関係を結んだり愛情を交換したいといった欲求で、この三つめの段階まで充たされれば一般的に「平凡な幸せを得た」と言えるのではないでしょうか。

四つめの段階は「承認欲求」。いわゆる地位や名誉を求めるもので、社会に承認されたいという欲求を指します。そして最後の段階が「自己実現欲求」です。それはどういったものか。私は個人的に「経済的に充たされ、幸せな家庭をもち、地位も名誉も手に入れた人が、自分の能力を発揮して新しい文化の創造や創作に向かう」といったことだと理解しています。

「欲求五段階説」から時代を読む

では、この「欲求五段階説」をどのように活用すれば、効果的なPRにつなげることができるのでしょうか。私は、主に「時代を読む」という場面でマズローの理論を活用してきました。社会は具体的な個人の集まりであり、時代はそれらの個人の欲求によって動き、つくられていくのです。

私がPRの仕事を始めたのは一九八六年、ちょうど日本の社会がバブル景気に突入した時代でした。それは、生理的欲求も安全の欲求も社会的欲求も充たされ、人々が〝新しい文化〟を求めるようになった時代と言うことができるでしょう。全国各地にテーマパークがつくられ、一九八六年から一九九〇年までの五年間で約七〇もの地方博が開催されたことは、そのことを象徴する出来事でした。

しかし、一九九〇年代初頭に起こったバブル崩壊で時代は一変しました。景気は冷え込み、企業の倒産も相次ぐようになります。〝新しい文化〟を求め、自己実現欲求に駆られていた人々が、安全の欲求さえも充たされない状況に逆戻りしたのです。実際には、多くの人が安全欲求の段階と、社会的欲求の段階の狭間（はざま）を彷徨（さまよ）っているような状況だったと言えるでしょう。「安・近・短なレジャー」や「安旨（やすうま）グルメ」などが次第に注目を集めるようになりました。
「佐世保バーガー」のPRを手がけたのは、そんな時代、一九九三年のことでした。そして、そのきっかけとなったのは、開業がバブル崩壊後の一九九二年にズレ込んでしまい苦しい状況にあった、同じ佐世保市内のテーマパーク「ハウステンボス」への集客と佐世保への観光客誘致という課題でした。このことは、これまでの拙著でも紹介していますが、地元の佐世保市は当初、米軍基地との関係が深いハンバーガーを前面に出すことに抵抗を示していました。一九六八年に米海軍の原子力空母・エンタープライズが佐世保の米軍基地に寄港した際には、市民グラウンドで四万七〇〇〇人が集まる反対集会が開かれたほどですから、当然の配慮とも言えるでしょう。

しかし、マズローの「欲求五段階説」をもとに時代を読み、人々の欲求は「安旨グルメ」を求める段階にあると確信していた私は、ハウステンボスへの集客を理由に市の担当者たちを説得し、佐世保バーガーを核としたムーブメントをつくり、ハウステンボスへの集客にも貢献することができました。

ちなみに、このとき仕掛けた佐世保市とハウステンボスの合同プレスツアー「ヨーロッパとアメリカを二泊三日で楽しむ佐世保の旅」は、東京を中心に全国約五〇のメディアを集め、約三〇〇媒体に一斉に掲載されました。さらには、その報道がテレビや雑誌の特集を呼び込む連鎖報道を起こし、約一年間、全国メディアに紹介され続けました。この時点で当時のマスメディア広告価格で換算した広告効果は約一〇億円。まだインターネットがなく、マスメディアの影響力が大きかった時代に、これだけ多くのマスメディアに取り上げられたことは、社会的にも大きな影響を及ぼしました。報道を見て観光客が自ら集まっただけではなく、旅行会社や交通インフラ、地域経済が動き、さらにはほかの地域へ「ご当地バーガー」ブームが飛び火したのです。

また「香川県の『うどん県』への改名」はすでに述べましたが、私はそれ以前から香川県で「さぬきうどん観光」のPRを手がけていました。このPRを実施したのは一九九八年から約三年間で、佐世保バーガーを手がけた当時よりもさらにバブル崩壊後の不況が深刻になっていた時代です。人々の社会的欲求や安全の欲求は、いっそう充足から遠退いてしまっていました。そこで注目したのは香川県民が日常的に愛食していた「セルフうどん」です。価格は、一杯一〇〇円から二〇〇円程度。この低価格も時代感覚にマッチしたに違いありませんが、バブル期に豪華なディナーを楽しんでいた日本人も、バブル崩壊後の〝失われた二〇年〟では国内の、それも地域色の強い〝ソウルフード〟に強い関心を示すようになっていたのです。

つまり、自己実現欲求の上昇志向から足下へ。景気が後退し、市場が収縮していく局面では、低価格なだけでなく自分の足下、ルーツにつながるものを求めるようになる傾向があると私は思っています。

インターネットの社会を動かす新たな欲求

現在のPRにおいて、インターネットメディアとの連動は欠かすことのできないものです。では、ネットの社会を構成する個々のユーザーは、どのような原理で行動し、自分の所属する社会に働きかけているのでしょうか。実は、これを考えるときにもマズローの「欲求五段階説」は以下の項目を追加するだけで有効であると私は考えています。

たとえば「Amazon」で書籍を買おうとするとき、あるいは「ぐるなび」でレストランを探すとき、多くの人はほかのユーザーたちが書き残したコメントやレビューを参考にします。これは、インターネットという情報が氾濫する環境で「(自分だけが)取り残されたくない」「損をしたくない」という欲求に基づく行動なのです。

いまの社会全体を俯瞰的に見れば、世論形成において新聞・テレビなどのマスメディアは、まだまだ大きな力をもっています。しかし、インターネットの登場・普及によって、個々のユーザーは新聞・雑誌などから得た新しい情報について「私は面白いと思うけど、ほかの人たちはどうだろう?」と確認することが当たり前になりました。そういった行動の根底にあるのは「面白いと思うのが自分だけだったらどうしよう」という不安であり、従来はマスメディアの情報を素直に信用していた人々がインターネットを通じてほかの人たちの声を確認しなければ安心できなくなったということです。

この現実を、私はマズローの言う社会的欲求と承認欲求との狭間に、新たに「取り残されたくない欲求」という段階が登場した状況と見ています。

こういった状況で、効率よく人を動かすには、どうするべきか。前述のとおり、取り残されたくない欲求の根底にあるのは、自分だけだったらどうしようという「不安」や「自信のなさ」です。逆に言えば、それが充たされたときには、一気に大きな動きとなります。

第一章の「社内の会議で自分の企画を通すためのＰＲ」で例に出した役員Ａを思い出してください。この人も、新企画の可否を決める権限をもちながら「自信のなさ」を抱えていました。だから、役員Ｂが「いいんじゃない？」と言うと態度を翻す。そして、役員Ｂの意見にしたがうことで役員Ａの不安が解消されると、会議全体の方向性が一変するのです。

つまり、ＰＲの世界で最適と言える手法は、まずマスメディアを動かし、そこを通じて情報を発信することです。そして次に、現在ならばインターネットのブログやＳＮＳなどを介して、情報に「ああ、みんなも面白いと思っているんだ！」と安心や信頼性を与えるのです。そうすることでマスメディアとインターネットを巧く連動させ、人々の「取り残されたくない欲求」を刺激し、個人に向けた情報が社会的に大きな動きを生むことになります。

三面記事のパワー

最近ではマスメディアからの情報発信がなくても、インターネット上のつながりだけで人を動かすことに成功した事例も少なくありません。前述したうどん県のPRは、その好例と言えるでしょう。ただし、これもインターネット上でうどん県が大きな話題になり、動画を配信していた県庁のサーバーがダウンするほどアクセスが殺到したことで、結果的にマスメディアでも取り上げられました。つまり「マスメディアからインターネットへ」という順番は逆になったものの、両者を連動させたことには変わりありません。

しかも、ネット上でうどん県が大きな話題になっていることをマスメディアが報じたときには、社会現象として三面記事で取り上げられたのです。三面記事は、ご存知のようにテレビのワイドショーでも取り上げるような殺人事件や政界の汚職、珍現象などを扱うスペースで、人々の大衆的好奇心にもっとも強く訴えかけるニュースが凝縮されています。そこで取り上げられた情報は、ネット上でもあっと言う間に拡散していきます。つまり、ここでもマスメディアとインターネットの連動は、とても巧く働いたと言えます。インターネットによって個人から個人へ情報が拡散する現在では「三面記事的なネタほど情報拡散のパワーをもつ情報はない」という観点でPR効果を考えるべきです。

言うまでもないと思いますが、「事件を起こせ」と煽っているわけではありません。高尚なニュースよりも、タブロイド紙が扱うような「身近な話題」を意識して発信していくことが重要なのです。「ニューヨークの上流階級では、こんな遊びが流行っている」という情報も面白くないとはかぎりません。しかし、遠い外国の上流階級ではなく、自分の身近な話題こそが「個人から個人への情報拡散」を促す要素なのです。

ネット社会で求められる「ブランド」

インターネット上でいくら話題になっても、マスメディアに取り上げられなかったために大きな動きにはつながらず、消えていった情報はたくさんあります。また「マスメディアが発信した情報に安心を得るために人々がインターネットを利用する」といった状況に逆風となるような社会的出来事もありました。二〇一二年に発覚した「食べログ」のステルス・マーケティング（やらせレビュー）事件です。「食べログ」はインターネットの飲食店情報サイトで、店舗は料金を払うことでメニュー料金・営業時間・アクセスなどの情報を公開することができます。そして、このサイトを利用して実際に店舗に行った人が「おいしかった」「サービスがイマイチ」などの情報をレビューの形で書き込むことができるのですが、この「誰でも自由に評価ができる」という機能を利用して、店舗の高評価につながるレビューを専門の業者が書き込んでいたのです。もちろん、レビューを書き込む業者はビジネスとして報酬を受け取っていました。

この事件をきっかけに、私個人はレビューをあくまでも〝参考として〟見るようになりました。一般のネットユーザーのなかにも、そういう人が増えたに違いありません。そして、この動きと重なる形で社会において求められるようになったのが「ブランド」です。

ブランドという言葉が一般に日本で使われるようになったのは、ルイ・ヴィトンやエルメスなどヨーロッパで古くから貴族を相手に商売をおこなってきて、次第にブルジョアから一般市民層にまで顧客を拡大してきた老舗メーカーが日本に進出してきた一九七〇年代後半からでしょう。エルメスが日本に初の直営店をオープンしたのは一九七八年、ルイ・ヴィトンの日本進出も同年です。いっぽう、一九九〇年代のインターネットの黎明期には「ノン・ブランドこそが時代の最先端」ということが盛んに言われ、また信じられてもいました。これは前述のとおり、人々がマスメディアの情報を信じられなくなり「インターネット上で、みんなが参同しているものこそが本当にいいものだ」と考えていた状況です。

では、現代の日本で求められる「ブランド」とは、どのようなものでしょう。

PRにおける「物語」の重要性

「物語消費」という言葉をご存知でしょうか?

これは、批評家の大塚英志さんが『物語消費論』という本のなかで「シルバニアファミリー」「ビックリマンチョコ」などの例を挙げながら（いずれもストーリー性を重視したPR展開をしていました）、一九八〇年代以降に見られる消費形態を考察して名づけたものです。消費者は、商品自体を消費するのではなく、商品を通じ、それがつくられた背景や設定、世界観というものを消費しているという考え方です。テレビのCMでドラマ仕立ての冒頭部分だけを放映し「続きはウェブで」と自社のホームページに誘導する広告手法も、この「物語消費」のひとつの表れと言えるでしょう。

私は、東日本大震災以降の日本では、さらに「物語消費」の傾向が強まっていると考えています。

そのひとつとして、「動画PRブーム」があります。動画を使ったPRは、東日本大震災以降、爆発的に普及しました。二〇一一年、東日本大震災から半年後にうどん県の動画が注目されたのもそのひとつですが、その後、一気に動画ＰＲブームが巻き起こったのです。

これは東日本大震災からの復興を祈るメッセージを、国内外の著名人がインターネット動画で表現したことが影響していると私は考えています。強いショックを癒すには、写真や言葉では物足りなかったのでしょう。動画という物語で表すことが、東日本大震災に傷ついた日本社会に受け入れられたのです。

二〇一四年には「アイス・バケツ・チャレンジ」という運動がアメリカで始まり、日本でも一気に拡大しました。これは、筋萎縮性側索硬化症（ＡＬＳ）の研究を支援するため、バケツに入った氷水を頭からかぶるか、ＡＬＳ協会に寄付をするかというもので、著名人が多く参加し、フェイスブックなどのソーシャルメディアや動画共有サイトのユーチューブなどを通して社会現象化しました。賛否両論ありましたが、ＡＬＳという病気への理解を得るという点では、非常に成功したＰＲと言えます。

また、動画ＰＲブームは、それまで想像すらできなかった分野にも拡がっていきました。

二〇一三年にはＡＫＢ48のヒット曲「恋するフォーチュンクッキー」に合わせて踊る「恋チュン動画」が「〝恋チュン〟踊れば、嫌なことも忘れられる」というキャッチコピーのもとで大ブレイクし、ファンだけでなく学校も企業も、自治体や知事や市長までもが恋チュンを踊って動画投稿することが当たり前になりました。これも、「聴く」側を、「歌う」側、「踊る」側にさせることで、より宣伝効果を高めるもので、大変成功したＰＲ例でしょう。

動画は、その商品の背景や世界観という物語を明確に伝えることができます。物語消費に頼った傾向については、ＰＲの効果という視点から離れて倫理的に考えた場合、是非が分かれます。「人間の好奇心につけ込み、消費を促すあくどい方法」と捉える方もいると思います。しかし、ＰＲの効果だけを考えるなら、この消費者の傾向を無視できないのが現実です。そして、私は、人々が求めるストーリーとは「その商品がどのようにつくられたか」といった背景や理念を表現する企業からのメッセージだと考えています。もちろん、販売側が勝手にデッチ上げたストーリーであってはなりません。そもそも、ウソのストーリーは情報慣れした現代の日本人にはすぐに見破られてしまいます。

現在、求められるブランドとは何か。それは「信頼に値するもの」と同義でしょう。では、インターネットの情報も信頼が揺らいだ現状で、人々はどこに価値を見出すのでしょうか？　それは本物の、心に響くストーリーです。そして、それはマスメディアにもインターネットにもつくることができないもの。本物のストーリーは、歴史や風土といった「背景」があってはじめて醸成されるものなのです。

たとえば、全国区のマスメディアや都市部に生活する人たちからは注目されることの少ない地方にも当然、独自の歴史や風土があります。また、目立たない商品をつくり続ける中小・零細企業にも、地道にコツコツと仕事を続けているなら、そこには必ずストーリーが隠されています。私たちＰＲの専門家が本当になすべき仕事は、まったく新しい価値を創造することではなく、すでに存在している価値を見出して新しい価値に変換することです。

「選び続ける基準」は、どこにあるか？

そして、いまの社会でブランドとして価値をもつためには「信頼」のほかに、もうひとつ重要な条件が求められます。それは「共感」です。たとえば、大手メーカーが展開するテレビCMを例にすると、二〇〇〇年代ごろまでは商品の性能や品質をアピールするものが主流でした。しかし、いまの消費者にとって性能や品質は「よくて当たり前」なのです。つまり、それだけではブランドとして認めてもらえない。そこで、最近のテレビCMの傾向として「その商品がどうやって生まれたのか？」というストーリーを語るものが増えてきました。ストーリーには歴史や風土などの背景が必要なことはすでに述べましたが、情報の受け手を共感させてこそ、ブランドの条件「心に響くストーリー」が生まれるのです。

この現象は、インターネットの二次的影響と見ることもできます。つまり、先ほどのテレビCMの例で言えば、かつての性能・品質を声高に主張するタイプは、メーカー側の一方的な宣伝にすぎません。いっぽう、いま求められているストーリーは、情報を受け取る消費者の側の「どうやってつくったの？」という興味や好奇心からくるニーズなのです。また、商品がどのような原材料を使って生産され、どのような流通経路で消費者のもとに届くかといった情報を提供する「トレーサビリティ」も、インターネット時代の企業にますます求められるようになっています。

また、二〇〇〇年代以降はテレビのドキュメンタリー番組でも、単に事実を追うだけでなく、人々の共感を呼ぶような「心に響くストーリー」をテーマにした番組が増えてきます。代表的なのは、NHKで二〇〇〇年から二〇〇五年に放送された『プロジェクトX　挑戦者たち』でしょう。ご記憶の方も多いと思います。この番組で取り上げていたのは、新聞の一面を飾るような大きな事件ではなく、一般の企業が「どうやって商品を開発したか」というストーリーです。そして視聴者は、開発者たちの苦心や挫折（ざせつ）を乗り越える姿に共感を覚えたのです。そこには、単に性能や品質のよさを言うだけでは表現できない「商品の魅力」が凝縮されていました。

『プロジェクトX　挑戦者たち』のほかにも『情熱大陸』（毎日放送・一九九八年～）、『日経スペシャル　ガイアの夜明け』（テレビ東京・二〇〇二年～）など「データよりもストーリー」という新しい路線のドキュメンタリー番組を各局がこぞって製作しています。そしてムーブメントは、ついにNHKの連続テレビ小説にまで及びました。二〇一四年から二〇一五年に放送された『マッサン』は、ニッカウヰスキーの創業者・竹鶴政孝のストーリーです。また、二〇一五年秋に始まった『あさが来た』は明治時代に銀行や生命保険会社の創業に関わり、日本初の女子大学（現・日本女子大学）の創立に尽力した女性事業家・広岡浅子をモデルとした物語です。いずれもテレビドラマですが、広告で「おいしい」「すごい」といった言葉を並べるよりも、はるかに高いＰＲ効果があったことは間違いありません。

「トクシィ」の場合

二〇一二年二月に徳島市のイメージアップキャラクターとして誕生した「トクシィ」は、私がクライアントである徳島市に次のようなストーリーを設定し、提案した例です。

●阿波おどりの〝ゆるキャラ〟であるトクシィが、徳島市長から「阿波おどり先生」に任命され、徳島市が誇る伝統文化「阿波おどり」を次世代へ継承するために、市内の保育園や幼稚園を訪問して「トクシィの阿波おどり教室」を開く。
●トクシィが教えることで、子どもたちはよろこんで阿波おどりを覚える。
●こうして徳島市が誇る伝統文化・阿波おどりはトクシィによって、次世代へ確実に継承

幼児に阿波おどりを教えるトクシィ　写真提供／共同通信社

されていく。

なぜ、このようなストーリー設定が必要だったかと言えば、後述するひこにゃんの成功によって〝ゆるキャラ〟がすでに全国に溢れ返っていたからです。徳島市が私にPRを依頼したのも、ひこにゃんを手がけたからという理由があったと思いますが、トクシィもまた、ひこにゃんを手本としていることは誰の目にも明らかでした。

トクシィは徳島市ならではの阿波おどりの衣装に身を包み、水の都を象徴した「魚の妖精」という設定です。市の職員からも「魚の妖精」であることを前面に出してPRしてほしいと当初強調されました。ですが、どこをどう見てもトクシィは

「阿波おどり」の象徴。そこで、私は阿波おどりの衣装を身に着けた〝ゆるキャラ〟トクシィができることは何かを考え、前述のようなストーリーを設定したのです。〝ゆるキャラ〟は子どもたちと親和性が高い、という計算もありました。

このトクシィのＰＲプロジェクトがスタートすると、まず徳島大学の教授が「幼児教育に阿波おどりを導入する意義」についてコメントを寄せてくださいました。続いて、地元のマスメディアが、トクシィと子どもたちが楽しげに踊る様子を大きく報道してくれました。そして、それを見た徳島市民たちが「自分たちの子どもにも教えに来てほしい」と言うようになり、「トクシィの阿波おどり教室」開催を要望する保育園や幼稚園が続々と手を挙げることになったのです。

結果、何と約三カ月のうちにトクシィは市内で一〇〇〇人を超える子どもたちに阿波おどりを教えることになりました。この「人々の動き」は市内にとどまりません。各地の〝ゆるキャラ〟がトクシィと一緒に阿波おどりを教えようとする動きが全国に拡がり、実際にトクシィは日本中の子どもたちに阿波おどりを教えるようになったのです。そして、その活動をマスメディアが報道したことで、トクシィは「阿波おどりを子どもたちに教える先生」として定着し、認知を得ました。これは前述のストーリーを設定してから、わずか三カ月ほどのうちに起こったことです。トクシィのプロジェクトでは、当初設定していた、「阿波おどりの次世代への継承」に導くことができた点で、成功をおさめたと感じています。

どのようにターゲットを絞り込むか

前述したNHKの朝の連続テレビ小説『マッサン』や『あさが来た』には、効果的なPRを考える上で、もうひとつの重要なヒントも隠されています。それは、マッサンこと竹鶴政孝には「日本の地で本格的なウイスキーをつくる」という確固たる信念と明確な目標が、『あさが来た』のモデルとなった広岡浅子には「女子教育のために日本初の女子大学をつくる」という大義があったということです。つまり「その商品や大学を世に出すことの社会的意義」があったのです。

繰り返しになりますが、社会は漠然とした集団ではなく、それぞれの価値観をもった個人の集まりです。そこに向けて効果的なPRを展開するには「誰（社会のなかのどのような階層）に向けて情報を発信するか？」が大きなポイントとなります。曖昧な不特定多数に向けて発信するのではなく、ターゲットを絞り込む必要がある。ただし、この絞り込みも単に流行を追ったり、常識に縛られていては失敗に終わることが多いのです。

では、どのようにして絞り込むのか。これを考えるときに「その商品を世に出すことの意義」が明確であれば、ターゲット設定を間違うことはありません。つまり「誰のために」「何のために」、そして「なぜ、いまなのか」という商品の存在意義をしっかりと把握することが、ＰＲを誰に向けて発信するかというターゲット設定をする上で非常に重要だということです。

滋賀県彦根市にある彦根城は、二〇〇七年に築城四〇〇年を迎えましたが、そこに向けたＰＲはターゲット設定という点で参考になるケースだと思います。私がＰＲを依頼された当初、「国宝・彦根城築城４００年祭」という地方博を開催することは決まっていましたが、「何のために開催するのか」という意義が明確になっていませんでした。もちろん「築城四〇〇周年を記念して、その歴史を世に知らせるため」といった漠然としたコンセプトはありましたが、「誰のために」という部分が決定的に欠けていたのです。はたして、彦根城の歴史を知りたいと考える人がどれだけいるでしょうか。この地方博を成功させるために必要な来場者数よりも少ないのは明らかでした。つまり「彦根城の歴史を世に知らせる」というコンセプトは、まったくの独りよがりで一方通行的なものにすぎなかったのです。

私にとって滋賀県は長年のお得意先ですが、地方博開催の前年にＰＲを依頼されたときは頭を抱えてしまいました。「こんな歴史セミナーみたいな小難しいイベントに、どうやって客を呼べというの!?」。それが正直な感想でした。また、地方博の内容やスケジュールを見て気づいたのは、女性を対象に考えられたイベントが皆無だということ。「観光は女性がリードする」というのが観光業界の常識なのに、これでは一部の〝城マニア〟しか呼ぶことはできないと思いました。

しかし、クライアントが地方博の主催者・彦根市ではなく、滋賀県であったことが幸いしました。客観的な視点で企画を進めることができたからです。

では、なぜ主催者の彦根市は少数のマニアに向けたイベントを開催する方向へ進んでしまっていたのか。やはり、彦根城だけしか見ていなかったこと、そしてターゲット設定が曖昧であったことが原因です。客観的視点をもたず、肝心のターゲットを絞り込めないまま企画を進めたことで、彦根城の歴史というテーマに引っぱられる形で、本来の意図とは違うマニア層に向けたイベントになってしまっていたのです。

なぜ「女性の母性本能に訴えかける」なのか?

先ほども述べたように、観光をリードするのは女性です。まずは女性客を集めなければ、より多くの観光客を呼ぶことはできません。

そう考えたとき、私の目にとまったのがひこにゃんでした。ひこにゃんは、私が「国宝・彦根城築城400年祭」のPRに携わるようになる以前、二〇〇六年の二月に公募によってデザインが決まり、同年四月には愛称も決まっていたマスコット・キャラクターですが、その姿を見た瞬間に「これだ!」と思いました。

〝ゆるキャラ〟という概念を生み、ブームの火つけ役となったひこにゃんは、彦根市がおこなう歴史セミナーのようなイベントのなかにあって異色の存在でした。ポーズや表情が画一的だった従来のマスコットと違い、ひこにゃんは正座したり寝転んだり自由に動き回

ゆるキャラブームの火つけ役となったひこにゃん　　写真提供／共同通信社

ることもできる。とても愛くるしくて、女性の母性本能に訴えかける個性を感じさせました。

ひこにゃんのその後の活躍は、みなさんもご存知でしょう。イベントの主役を彦根城からひこにゃんにズラすことで、誤った方向に流されてしまっていたターゲットを「女性客」という設定に修正することもできました。

私が女性の「母性本能」をPRのメッセージが訴えかけるべき対象と考えたことにも理由があります。それは、いまの日本が少子化の時代にあり、「子どもらしいもの」に普段触れない女性が増えているだろうと考えたからです。ひこにゃんの愛くるしさは、そういった現代日本の女性たちの共感を呼び、インターネットなどを通じてＰＲのメッセージが拡散していく目算があったということです。

まず、マスメディアを対象に「国宝・彦根城築城４００年祭」の開催告知のための体験会をおこなうときも、女性記者に来てもらうことを念頭において「ひこにゃんと楽しむ『２００７年彦根の旅』」と題し、ひこにゃんの愛らしい写真をトップにあしらったプレスリリースを配布しました。

このとき、起爆剤となった仕掛けは女性を中心に約五〇名の記者を集めたプレスツアーでした。まず記者たちから発信されたひこにゃんを主人公に据えた記事が全国津々浦々の新聞や雑誌、テレビに紹介され、その記事が週刊誌やテレビ、女性誌の企画特集に連鎖するという佐世保バーガーのときと同じ報道連鎖を巻き起こしました。ひこにゃんの場合はこれにインターネットが加わって、あっと言う間にひこにゃんの愛らしい姿が、多くのメディアに登場することになったのです。

その結果、「国宝・彦根城築城４００年祭」には、多くの女性が子どもやファミリー、友達や彼氏を連れて彦根城を訪れました。前述のとおり、観光業界には「観光客を呼びたければ、まず女性を呼べ」という鉄則があります。女性は観光には必ず「誰か」を連れてくるからです。そして目的を果たしたあと、必ず「周遊」をして「買い物」をして、「クチコミ」します。ひこにゃんの場合も、目的のひこにゃんに会ったあと、女性たちは彦根城だけでなく彦根市内を周遊しました。その結果、約八カ月のイベント期間中に、彦根市を訪れた観光客は二四三万人にいたり、「二〇〇万人の臨界点」を超えてほかの地域の注目を集め、「ゆるキャラブーム」へと発展していったのです。このことは、先ほど書いたとおりです。

この社会的な反響を受けて彦根市はひこにゃんを市の公式キャラクターに起用することを決めました。そして全国に拡がった「ゆるキャラブーム」との相乗効果でひこにゃん人気は続き、いまでも女性を中心に観光客を集め続けているのです。理想的なＰＲとなりました。

「国宝・彦根城築城４００年祭」を機に彦根市を訪れた観光客数は二四三万人。コアなマニア層に向けて誠実な製作をしている定期刊行誌は実売部数が非常に安定していて、その数字はジャンルごとのマニアがどれだけ存在しているかの指標になりますが、そうした雑誌から推測する〝城マニア〟〝歴史マニア〟だけでは、この来場者数は実現不可能でした。

もし「ひこにゃん」がいなかったら？

この「国宝・彦根城築城４００年祭」から学べる教訓は、以下のようにまとめられるでしょう。

- 当初はターゲット設定が曖昧だった。そのために「城の歴史」というテーマに引っぱられ、少数のマニアックな層を対象としたイベントに向かってしまっていたこと。
- その状態で想定される集客数ではイベントを成功させるには不足であることに気づき、「観光をリードするのは女性」という大原則に立ち返ったこと。
- ひこにゃんという女性の母性本能に訴えかけるマスコット・キャラクターが存在していたこと。
- 母性本能が、いまの日本で女性たちに訴えかける上で重要なポイントであることを認識していたこと。
- 体験会に集まった女性記者たちを、ひこにゃんに案内させたこと。

ここに挙げたポイントのうちで、ＰＲの手法的理論からは導き出せないものが、ひとつだけあります。そう、私がこのＰＲに携わるようになった時点ですでに「ひこにゃんが存在していた」ということです。そして、結果的にひこにゃんに依存する形でＰＲを成功させたのですから、私は幸運だったと言えるでしょう。

問題は「もし、ひこにゃんがいなかったら？」ということです。

まず言えるのは、最初のターゲット設定が明確であれば、ひこにゃんの助けを借りなくても多くの来客を集めるイベントにすることは可能だったということ。また、ひこにゃんは公募によって、ほとんど偶然のように存在していたわけですが、ターゲット設定が明確であればそれを意図的に創造することも可能だったということです。つまり、この章で繰り返し述べているように、ＰＲのターゲット設定がいかに重要か。そして、そのためにも商品あるいはサービスを世に出すことの意義を明確にしておくことが非常に大切であるという再確認が必要です。

しかし、ここで強く言いたいのは「あなたのまわりに、本当にひこにゃんはいませんかか?」ということです。本書の冒頭に記したとおり、私は、地方自治体で地元の振興を担当していたり、企業で新商品の販売促進を担当しているような「あなた」に向けてメッセージを発信しています。

つまり「時間や予算などの条件が制約されたなかで、どうすればPRを成功させられるか?」が、この本のテーマです。「ターゲット設定が明確ならば、ひこにゃんを意図的に創造することもできる」と言いましたが、私が「国宝・彦根城築城400年祭」のPRを任された時点では、現実的にそれは難しい状況でした。そんなときに、たまたま、ひこにゃんがいた。それは事実ですが、私は「ひこにゃんを発見した」と言いたいのです。

効果的なPRを実現しなければいけない状況だからこそ、もう一度、基本の理論を再確認しながら自分の周囲を注意深くチェックすることが求められます。

ひこにゃんは、すでに存在していましたが、歴史セミナー的な方向に進みかけていたプロジェクトのなかにあっては異物のような存在で、主催者である彦根市の担当者も「このネコでよかったら、自由に使ってください」と言っていたのを覚えています。そのように扱われていた存在が、一発大逆転のカギを握っていたのです。

前章の最後で小学生のころにいじめに遭っていた私を救ってくれたオバチャンがいたこと、そして自分を取り巻く環境を「見える化」することの重要性について述べましたが、私は、ひこにゃんとの出会いも、この「見える化」によって実現できたと思っています。

次の「ひこにゃん」を発見するために必要なこと

制限された条件のなかで、ひこにゃんのような存在を発見し、成功したPRの例はたくさんあります。そのひとつが、鯖(さば)寿司の通信販売で実績を築いてきた「鯖や」の右田孝宣(たかのぶ)社長から「通販だけでなく、リアル店舗を展開したい」という相談を受けてアドバイスしたケースです。

「鯖や」は、その名前のとおり、鯖寿司の通信販売で勝負してきた会社でしたが、当時は売り上げが伸び悩んでいました。打開策を考える社長の相談は「鯖寿司だけでなく、自慢のトロ鯖にこだわった料理をリアル店舗で売りたい。でも、経験がないので不安だ。どうしたらいいのか?」というものでした。これまでにない、新しい鯖料理のスタイルやレシピを考案してほしいと考えていたのかもしれません。

しかし、私が提案したのは「鯖寿司の食べ放題」という企画でした。

鯖寿司も、食べ放題も、まったく目新しさはありません。ただ、寿司の食べ放題はあっても「鯖寿司だけ」という店舗はありません。通販では自信を失いかけていた鯖寿司というアイテムを、リアル店舗での食べ放題と組み合わせることで、「鯖寿司＋食べ放題とは、どこか新鮮！」というイメージをまずはマスメディアにアピールして、広く世間の注目を集めることが狙いでした。

また、鯖という魚は好みの分かれる食材でもあります。「鯖寿司の食べ放題」でターゲット設定を明確にし、新たな顧客を発掘することにもつながったと考えています。「鯖や」には、高い知名度やブランド力があったわけではありません。したがって、マスメディアを通して社会的信用を構築すること、つまりブランディングも重要でした。

もともと社長は「クラウドファウンディングで資金を集める」という当時としては目新しい手法を導入していて、従来型のＰＲであれば、そこに焦点を当てるところでしょう。クラウドファウンディングとは、インターネットを通じて不特定多数の人から経営のための財源を調達する手法です。

しかし、商品は「鯖」。人間の本能（食欲）に届くブランディングが必要と判断しました。

このPR戦略では食材が鯖に限定されていたため、「鯖だけ」でどれだけ物語をつくることができるか、が勝負です。通常はインパクトの強さを重視するのですが、その言葉を聞いただけで「どこか新鮮！」と、日本人の老若男女、誰もが感じるキャッチフレーズがポイントと考えました。

そこには、もちろんマスメディアの注目を集める戦略も秘めていました。マスメディアは、万人がすぐにわかる〝説明のいらないもの〟に、「どこか新鮮！」な変化が加わったニュースがもっとも報道しやすいからです。

具体的には、はじめての店舗「ＳＡＢＡＲ」福島店では、「鯖寿司の食べ放題」でマスメディアの注目を集め、二店めでは、開店時が土用の丑に近い初夏だったことと、ニホンウナギが絶滅の危機に瀕していることを背景に「土用の丑は『サバ』に任せろ！」というキャッチフレーズをつけて「サバ重」を売り出し、社会的な側面からマスメディアの注目を集めました。さらに東京初出店のときには、東京店限定メニューを「日本初！　とろサバ究極の旨みを実現」というキャッチフレーズとともに売り出して全国的な知名度アップを目指し、京都の店では、鯖を使った京都の「おばんざい」を「さばんざい」というキャッチフレーズで表しました。つまり、新店がオープンするたびに「どこか新鮮！」と思わせるキャッチフレーズをまとわせ、マスメディアの注目を集め続けたのです。

その結果、関西では、すべてと言っても過言ではないほど多くのメディアに取り上げられ、東京では、グルメ雑誌はもちろん、全国的な人気を誇るテレビ番組に登場するほどの話題店になりました。現在、どの店も「なかなか予約がとれない大人気店」になっています。

もうひとつ例を挙げましょう。

栃木県から二〇二〇年の東京五輪に向けて「強力なアイテムで海外からの観光客を呼びたい」という依頼を受けて考えた、「かんぴょう巻きのモーニングサービス」です。実際には、残念ながらこの案は採用されなかったので「成功したPRの例」とは言えないのですが、〝次のひこにゃん〟をどうやって見つけるかの参考になるはずです。

栃木県の名物と言えば、まず頭に浮かぶのは宇都宮の餃子（ギョーザ）ではないでしょうか。実際に宇都宮市では、年間に餃子に支出する世帯あたりの金額が全国でも浜松市に次いで二位というデータ（二〇一四年）があります。戦前に同市にあった旧陸軍の第一四師団が長く満州（現在の中国東北部）に駐留していて、戦後に復員した兵士たちが本場の餃子の味を伝えたというストーリーもあり、中華料理屋に行けば「とりあえず餃子とビール」という習慣のある日本人にとっては強い訴求力をもつアイテムだと思います。

しかし「海外から観光客を呼びたい」という場合には、どうでしょうか。まず、餃子といっても欧米人にとっては、なぜ日本の名物なのかもわからないでしょう。また、餃子を知っている中国圏の人々にとっては「何で、わざわざ日本まで行って餃子を食べる必要があるのか？」ということにもなるでしょう。つまり、餃子では海外からの観光客を集めることは難しいということです。

ちょうど、その依頼を受けたのは「和食」が世界無形文化遺産に登録された直後というタイミングでした。そこで、私が思いついたアイテムは寿司。それも栃木県が全国でもナンバーワンの生産量を誇る「かんぴょう」の巻き寿司を、県内の飲食店でモーニングサービスとして提供しようというものでした。

そのことを提案すると、栃木県の担当者は「え？　かんぴょう？」という表情を浮かべました。たしかに、かんぴょうはマグロなどと比べれば日本人にとっても印象の薄い寿司ネタです。しかし、最近の海外での寿司ブームを冷静に観察すれば、カリフォルニアロールなどに代表されるように手軽な巻き寿司が受けていることもあります。ニューヨークやパリなどの大都市で一部の富裕層が行く寿司店も支持が高まっていますが、そういった高級店には行かないような庶民も普通に寿司を食べるようになったからこそ「世界的な寿司ブーム」と言われるようになったのだと思います。サンドイッチを食べていた人たちが、同じように寿司を頬張(ほおば)るようになったことが寿司ブームのベースにあるのです。

そして、巻き寿司の代表的かつ古典的なネタが、かんぴょうです。それに、高級寿司ネタとしてまず頭に浮かべるマグロと比べても、かんぴょうはヘルシー。海外からの観光客に訴求する大義をもっています。いま、世界に向けてアピールするなら餃子よりも断然、かんぴょうだと私は考えました。

「どこか新鮮！」を大切に

鯖寿司の食べ放題のように、それぞれを個別に見れば〝馴染(なじ)みはあっても、目新しさはない〟という要素を組み合わせることで「どこか新鮮！」と感じるようになることがあります。そして、この「どこか新鮮！」という感覚は、とても大切です。

二〇一三年の春から始めた「畳供養」も、この視点で考えたＰＲです。畳も、鯖寿司と同じように日本人にとっては馴染みのあるアイテムですが、いささか古臭いイメージがあります。また、畳職人の方々が積極的に営業をおこなわないことが常態化していたこともあって、実際に畳の需要は二〇年前に比べて約三分の一に減ってしまっている状況にありました。

そこで「何とか畳の需要を喚起したい」という全国畳産業振興会の依頼を受けて、ＰＲ戦略を練ることになりました。まず考えたのは、これまで畳敷きの部屋がなかった家庭に新たに和室をつくらせるのはハードルが高いということ。ならば、いま使っている畳の張り替えを促進させようと思いました。これまで二年に一回、張り替えをおこなっていた家庭なら、それを毎年するように訴えかけ、具体的に人々に自ら動いてもらうことをＰＲの目標としたのです。

そこで仕掛けたものが畳供養です。畳と同じように、供養という概念も日本人のほとんどがすでに知っています。もともとは仏教思想に基づくもので、一般的には先祖供養などといったときに使う言葉ですが、日本では「針供養」「人形供養」なども古くからおこなわれています。針や人形を供養するのなら、畳の供養があってもいいではないか？　そう考えたのですが、実際、針供養・人形供養はあっても畳供養はまだありませんでした。ここで「どこか新鮮！」の仕掛けが明確な形になったのです。

畳供養は二〇一三年におこなった初回からマスメディアの注目を集め、一一七媒体に取り上げられ、一億七〇六九万円の広告効果を生みました。これをきっかけに京都では畳供養を新しい風物詩として育てていこうという気運が生まれました。二回めからは近隣のホテルや書店が案内チラシを置いて、自らＰＲしてくれるようになり、三回めには京都市や京都府などの自治体、地元のマスメディアが後援につき、現場には京都市の副市長が自ら出向いて、観光客へ挨拶(あいさつ)してくれるようになったのです。畳供養はたった三回の実施で、世界有数の観光都市・京都を動かし、新しい風物詩として定着しようとしています。

畳供養は二〇一三年から毎年四月に京都の浄土宗大本山・清浄華院(しょうじょうけいん)（清浄華院は巨大な

新たな文化となりつつある畳供養

畳の部屋があることから「畳寺」と慕われていました）でおこなっています。前述した、毎年一二月一二日（漢字の日）に発表する「今年の漢字」は日本漢字能力検定協会が一九九五年からおこなっているものですが、この発表の場となるのも京都の清水寺です。神社仏閣は日本人にとって馴染み深い場所なので、老若男女が足を運びやすく、新しいイベントをおこなうにはぴったりなのです。

ちなみに、畳供養も「今年の漢字」も、なぜ京都という場所になったかというと、京都が日本文化の中枢であることを国内外に発信し続け、世界中で評価されているからです。畳は日本文化のひとつですから、「京都が風物詩として認めること」に「畳を日本文化として認める」という大きな価値があると考えました。「今年の漢字」を始めた背景には「外来語・カタカナ言葉が氾濫する現代でも、漢字文化のすばらしさを再認識してもらいたい」という思いがありました。そこで、毎年末に「今年の漢字」一字を決めて発表しようということになったのですが、言うまでもなく漢字というものも日本人にとってはあまりに身近です。また、それを選定するのは日本漢字能力検定協会ですから、ただ発表するだけでは誰もが単なるキャンペーンと受け止め、見向きもされなかったでしょう。

そこで私は「誰が発表するか」ではなく「どこで発表するか」に人々の注目を集めようと考えたのです。いまでは毎年、漢字の日にはテレビのニュースでも「『今年の漢字』が清水寺で発表された」と報道されていることからも、この戦略は正解だったと言えるでしょう。

「どこか新鮮!」という感覚は、たとえば、畳・供養・漢字、そして神社仏閣など、私たちにとって馴染み深いと同時に新鮮味に欠ける要素を常識にとらわれず組み合わせることで生まれてきます。そして、その組み合わせを見つけることができれば、徐々に売り上げが低下し続けている商品でも、一発逆転の可能性を秘めたキラーアイテムに変身させることができるのです。

また「どこか新鮮！」の組み合わせは、それぞれが馴染み深い分だけ、人々が行動を起こすにあたってのハードルが低くなるというメリットもあります。もう一度、自分の身のまわりを「見える化」して、使える材料として何があるかを確認することが大切です。PRには、一見何もないと思われるところからキラーアイテムとなる宝を〝見出す力〟が必要なのです。

言葉の選び方で、売り上げが伸びる

畳供養に関連して、もうひとつ言っておくべきポイントがあります。それは「供養」という言葉がもつ、日本人の心に訴えかけてくる響きを重要視したということです。多くの日本人は、供養と聞くと、どこか厳粛な気分になります。先祖供養をするときに亡くなっていった先祖たちを敬う気持ちが湧(わ)いてくるように、畳供養と聞いたときには畳のすばらしさを思い起こしてほしかったのです。

こういった言葉のもつ力を効果的に活用することは、ＰＲ戦略を考える上でとても重要です。商品名などＰＲで使う言葉を換えただけで見違えるように売り上げが伸びた、という例はたくさんあります。

以前、「抹茶甘酒しろっぷ」という商品を手がけたときのことです。抹茶シロップは現在では各メーカーがこぞって製造・販売しているものですが、この商品はもともと北九州のある農家さんがつくったもので、甘酒に抹茶を混ぜた飲料として紹介されました。

飲んでみると、おいしい。しかし、はじめは「抹茶ドリンク」というネーミングの商品でしたので、飲料にしてはドロドロとしていて飲みづらいし、見た目も飲みものという印象ではありませんでした。

そこで、私は「抹茶甘酒しろっぷ」という新たなネーミングを提案したのです。シロップという言葉には「そのまま飲んでもいいし、食べものにかけて味を引き立たせることもできる」という意味が込められています。ドリンクからシロップという言葉に変えたことで、それをそのまま飲むことに加えて料理にかけるといった新たな用途も生まれて、売り上げの増加に貢献することができました。

このあと、「抹茶甘酒しろっぷ」は地元の北九州市の応援を得て、新しい地域産品として市から正式に記者発表され、市の物産販売施設でも販売されることになりました。共同研究をおこなった北九州市立大学も、教授自ら記者発表に参加するほどの支援をおこないました。今後も、地元の応援を得て、地域産品として成長していくことでしょう。

些細な差のように見えますが、こういった「言葉の変更」で商品のもつイメージは大きく変えることができます。これまでに、私は多くのクライアントに対して「言葉の変更」を提案してきました。特に気をつけなければいけないのが外来語・カタカナ言葉や、アルファベットの扱いです。「何となくオシャレな感じがするから」といった曖昧な理由で言葉を選んだ結果、理解が難しくなってしまい、本当に伝えなければいけないメッセージが見えなくなってしまうことがよくあるのです。

アルファベット、カタカナ言葉が陥りやすい失敗

大分県宇佐市は長い間、宇佐をローマ字で「ＵＳＡ」と表記して街をＰＲしてきました。宇佐市を訪れると「WELCOME TO USA」と書かれた看板が迎えてくれます。「え!?

ここがアメリカ合衆国？」と思わせる効果もあり、これはこれで面白いのですが、宇佐市はより積極的なイメージアップを望んで、私に相談してきました。

そこで、私が提案したのは「ＵＳＡ」という表現をやめること。せっかく「宇佐」という誇らしい名前があるのに、わざわざアルファベットで表記することにメリットがあるとは思えなかったからです。

これまで、宇佐市にかぎらず多くの地方自治体で、アルファベットやカタカナ言葉が施設やサービスの名称に採用されているのを目にしてきました。しかし、残念ながら多くの場合、そういった言葉は地元の文化を正しく伝えることができていません。おそらく「何となくオシャレな感じがするから」といった曖昧な理由や、「格好よく見えるのではないか」といった希望的観測で決まったのでしょうが、そうではなく、何を・誰に・どう伝えるのかを考え抜いて言葉を選ばなければいけないのです。アルファベットやカタカナ言葉に頼るのは「自信のなさ」の表れでしょう。どんなメッセージも、それを伝えるときには自信をもって表現しなければ相手の心に響くことはありません。

私は「ＵＳＡ」に代わるキャッチコピーを考えるため、宇佐市の歴史や文化を調査しま

宇佐神宮は「勝負の神様」を祀る、全国の八幡神社の総本宮

した。まず、わかったことは現在も大相撲の記録である六九連勝を打ち立てた第三五代横綱・双葉山定次の故郷であるということ。そして、全国に四万以上もある八幡神社の総本宮である宇佐神宮もあります。ここは養老四年（七二〇年）に「隼人（はやと）の反乱」が起きたとき、朝廷が神託を仰いで征伐に成功したことでも知られています。つまり、宇佐には「勝利」や「強さ」といった要素が眠っていることがわかりました。これこそ、宇佐市オンリーの魅力ではないでしょうか。

私は「訪れただけで勝利のご利益に与（あずか）れる街」という切り口を提案しました。それに、市長が「全市民が身近に感じられるように」

と〝勝ち〟と〝価値〟をかけるアイディアを加え、「カチがあるまち宇佐」にキャッチコピーが決まったのです。

このネーミングはメディア受けがよく、しばらく全国メディアにも取り上げられ続け、宇佐市は注目を浴びることとなりました。「カチがあるまち宇佐」は、インターネット社会への仕掛けも考慮し、マスメディアとインターネットの相乗効果を狙いました。具体的には、当時もっとも影響力があると分析していた「Ｙａｈｏｏ！ニュース」などのポータルサイトへ連動するメディア約二〇媒体を集めて、共同取材会をおこないました。その結果、狙いどおり「Ｙａｈｏｏ！ニュース」をはじめ「エキサイトニュース」「ネタりか」などネットメディアはもちろん、通信社を含むマスメディアにも合計四〇媒体に取り上げられ、広告効果は約二億円に達しました。

「カチ」という言葉には宇佐という街の歴史・文化・特徴がよく表れていると思います。また、カチに〝勝ち〟と〝価値〟のふたつの意味を込めたことで「もっと知りたい！」と思わせることにも成功しています。このような仕掛けがこの言葉にあったからこそ、多くの人が宇佐に興味をもってくれるようになったのです。

言葉は短く

さて、みなさんは一日に何回、携帯電話のメールやＬＩＮＥなどのメッセージをチェックしますか？　一九九七年、携帯電話に短いメッセージを送ることができるショートメッセージサービスが導入されて以来、人々は「何かメッセージは届いていないか」と携帯電話の小さな画面を頻繁にチェックするようになりました。そして一〇年後の二〇〇七年にアップル社がｉＰｈｏｎｅを発表すると、インターネットのＳＮＳなども携帯端末でチェックできるようになり、メッセージの着信を確認する回数は飛躍的に増えました。

また、これらの電子メディアの普及は、すべてのメッセージにおいて「より短い言葉で」という新しい常識が定着することにもつながりました。新聞は読まない、テレビの報道番組も観ない、ニュースはインターネットでチェックすればいい。そういう人は確実に増え続けています。そして、インターネットのニュースサイトに並ぶ見出しは、ほとんど一〇文字前後で表現されているのです。多くの人々は、この見出しだけでニュースの概要を把握しています。

人々が自ら動くことを目的にするのなら、千言万語を費やすよりも短くてインパクトの強い言葉を考えなければいけないということです。宇佐市の例で挙げた「カチ」も、たった二文字で、しかもそこには〝勝ち〟と〝価値〟のふたつの意味が込められています。

同じようなケースをもうひとつ挙げましょう。「婚活カット」という例です。

二〇〇九年の春、阪神間で美容院を複数店舗経営している女性から「顧客を増やしたい」という依頼を受けました。当時は「婚活」という言葉が一気に着目されていた時代でもありました。そこで、私は婚活中の女性をターゲットに定めたサービスの提供を考えたのです。つまり、公務員狙いならナチュラルカラーの巻き髪、商社マン狙いなら丸みのあるロング、IT系を狙うならショートといった具合に「理想の結婚相手に気に入られる髪型にしよう」というプランです。

まず、価格は「ご縁来い」と語呂(ごろ)を合わせて五〇五一円にしました。そして、最終的に記者発表に向けて私が考えた言葉は「婚活カットご縁来い」ですが、ここでは特に〝カット〟という言葉に注目してください。同じようなコンセプトでも「婚活ヘア」や「婚活パーマ」といった言葉も考えられたなかで、なぜ、私が「婚活カット」という言葉を選んだか。それは、カットという言葉には「決意」が込められていると考えたからです。

ここが人生の節目と思ったとき、髪を切る。江戸時代までの武家社会では、夫を亡くすなどした女性が出家して髪を落とすことは、途轍もなく大きな意味をもつものでした。古い話と思うかもしれませんが、この文化・伝統は現在の日本社会でもしっかりと息づいています。私が尊敬している瀬戸内寂聴さんは、かつて瀬戸内晴美として小説の世界で活躍し、数々の文学賞を受賞していますが、一九七三年に出家されました。そして、現在の寂聴さんが作家・僧侶として有髪の時代よりも広く強い支持を集めていることは、彼女の「決意」に多くの人が共感していることの証ではないでしょうか。

学生時代に長髪にしていた男子も就活を始めるときには短くするし、失恋したときに髪を切る女性は、いまでも少なくないでしょう。つまり、断髪という行為の背後には日本人の文化的な背景があり「いまだ！」「いましかない！」といった決断を促すもの。そういった特別な力がカットという言葉にはあると考え、婚活ヘアでもパーマでもなく「婚活カット」に決めたのです。

「婚活カットご縁来い」というキャッチコピーも、一〇文字以内に収まっています。この

ＰＲは多くのメディアに取り上げられ、クライアントである美容院は翌年、新店舗を二店舗オープンする飛躍を遂げました。

ファッション感覚・スーパーマーケットの商品価格・テレビドラマ

多くの人が自ら動くようなＰＲを実現するためには、〝平均的国民〟の感性を持ち続けるように努力することが必要です。ＰＲの専門家がもっていなければならないのは、奇抜なアイディアを生む独創性ではなく「みんなが、何を求めているか」を正確に把握するための庶民感覚。それがなければ「どこか新鮮！」と思えるような組み合わせを見出すことも、一〇文字以内で心に響く言葉を選ぶこともできません。

そのために、私は「ファッション感覚」「スーパーマーケットの商品価格」「テレビドラマ」の三つを指標としてつねに注意しています。

まず「普段、どういった服を着るか？」というファッション感覚。平均的国民としての感性を養うために、私はアウトレットに積極的に行くようにしています。それも海外ブランドではなく、日本のワールドやレナウン、オンワード樫山(かしやま)が展開する各ブランドをチェックするようにしています。なぜか。まず、全国ほとんどの百貨店やショッピングセンターに入っている「国民的アパレルメーカー」である点が挙げられます。そして、展開しているブランド数が多く、より幅広い層に対応しています。つまり、日本の女性たちという大きなターゲットに向けて、年齢やライフスタイルごとにアプローチの仕方を変えながら時代や流行の推移に対応しているのです。こういった戦略を観察することで、「多くの人が自ら動く」ことを目的とするPR担当者は実践的な教訓を得ることができると思います。

特に「どの色が売れ筋か?」については、注意深く観察しています。社会心理学の世界では、たとえば「不景気のときには茶色が流行る」といったように、社会の状況や動向を人々がどう捉えているかが色に表れると言われています。どの色が売れているかを把握することは、時代を読む上でも重要であり、また心に響く言葉を選ぶときにも貴重な指針になります。たとえば、赤のような原色が売れているのであれば、人々はよりストレートな、力強い表現を求めていると考えられるでしょう。

次に、スーパーマーケットの商品価格。ここではダイコンやニンジン、キャベツといった日常的によく使う食材を高いと思うか、安いと思うかの自己診断をします。たまに国会で、議員がスーパーマーケットで買い物をする際の標準的な価格を知らず「庶民感覚がない」と指弾されることがありますが、PR担当者にとってスーパーマーケットの商品の価格が高いか・安いかは、とても大きな問題です。当然のことですが、PRすべき商品が高級品に分類されるものか手軽に買えるものかで、PRの戦略も大きく変わってくるからです。

　また、チラシで「本日特売！」となっていて、実際に安い価格で売られているはずの商品が売れ残っていたら「なぜ？」と考えることも大切です。どんなに安くても、人々が求めていない商品は売れません。安いのに売れ残っている商品は、市場のニーズを残酷なまでに映し出しているのです。

　そして、最後にテレビドラマです。ここには平均的国民の喜怒哀楽、そして世相が凝縮されています。たとえば、数年前に『家政婦のミタ』（日本テレビ・二〇一一年）というドラマが最高視聴率四〇パーセントを記録しました。ドラマの内容は、家政婦が雇い主である富裕な家庭の問題を暴き、解決するというものですが、ヒットした背景には、「格差社会」という世相があります。そして、その格差社会を人々がどのような視線で見ているかという心理状況を理解することができるのです。

かぎられた時間のなかで放映されているすべてのドラマをチェックするのは難しいため、私は特にＮＨＫの「連続テレビ小説」「大河ドラマ」、フジテレビの「月９」、ＴＢＳの「日曜劇場」、日本テレビの「水曜ドラマ」をマストアイテムと考えています。これらの〝看板ドラマ〟は特に、時代ごとに平均的国民の感覚を大切にして製作されているからです。そうでなければ、長年にわたって同じ放送枠で視聴者の支持を得ることはできなかったでしょう。つまり、各テレビ局の〝看板ドラマ〟には、ＰＲを成功させるために不可欠である「時代を読むこと」の重要なヒントが隠されているのです。

業界の価値観にとらわれない

本章の最後に、「ストレートにモノを見ること」の大切さを伝えたいと思います。モノをストレートに見る、それは平均的国民の感覚で、一般の消費者的目線で商品を捉えるということです。言うまでもないことですが、その業界だけで通用する価値観で商品を捉え、

PRを展開しても人々は動きません。

三重県にある食用油製造会社にPRのアドバイスをしたときのことをお話ししましょう。その会社は、水と油をつなぐ高機能素材レシチンの工業向け製油に成功した企業で、マーガリンの生産にも貢献してきました。また、コーン油製造に関しては日本屈指の製造量を誇りますが、企業間取引を主としてきたために、この数字も表面に出ることはなく、一般に社名が知られていないことが課題となっていました。そこで二〇一二年、私が同社の社会的知名度を高めるブランド戦略についてアドバイスすることになったのです。

当時、同社は消費者に直接届ける商品を開発しているところで「これが、わが社の技術を結集してつくったセラミド飲料です」と、開発担当者は勝負をかけた新商品を見せてくれました。ひと口で飲めてしまうような小さな瓶に入った健康飲料です。

「この一本のなかに、三〇〇〇マイクログラムものセラミドが入っているんですよ。しかも一〇〇パーセント純正の、トウモロコシ由来なんです！」

会社の方々はみな、誇らしげにそう言います。セラミドというのは脂質の一種で、人間の細胞膜を構成する貴重な物質です。しかし正直なところ、私にはその商品のすばらしさがピンときませんでした。自信と意気込みは十分伝わってくるのですが、「セラミド・三〇〇〇マイクログラム」がどれだけすごいのかもわかりません。

会社の方々の話のなかで、私が唯一、具体的なイメージをもてた単語は「トウモロコシ」です。そこで「この小さな瓶に、どれだけのトウモロコシが使われているのですか？」と訊くと、開発担当者は「最低、一〇本は使っていると思います」と答えました。「セラミド・三〇〇〇マイクログラム」と言われても、その業界の専門的知識をもたない一般の人々には、その価値がわかりません。ならば、トウモロコシという誰にでもわかる言葉で、その商品のすばらしさを伝えるべきです。

私は「三〇〇〇マイクログラム」という表現をやめて、「トウモロコシ一〇本分のセラミド」と銘打って商品を売り出すことを提案しました。セラミドを資材として購入する企業に向けてのＰＲであれば「三〇〇〇マイクログラム」という専門的な表現でもよかったかもしれません。しかし、社名の一般的認知度を高めることが私の使命であり、そのためには平均的国民の感覚で商品をストレートに見ることが必要だったのです。

この提案でセラミドの価値を表現する言葉が決まったあと、会社の方々もその意義に気づいたようで「食品会社との取引がメインだったために業界用語を使うことに慣れてしまっていた。一般消費者に対しても、つい同じ表現で説明しようとしていた」と仰っていました。

「誰に向けて伝えたいのか」という目的意識は、ＰＲにおける言葉を考えるときに非常に大事なポイントとなります。伝えるべきターゲットを明確にし、その相手に確実に届く言葉を選ばなければいけないのです。

第三章　クライアントを納得させるプレゼン術

地方に蔓延(まんえん)している“間違った常識”

ここまで、社会を構成する個人という単位に向けてPR情報を発信し、そこから買う・使う・行くという具体的な動きを拡げていくための手法を紹介してきました。しかし、どんなにすぐれたPRプランも、まず決定権をもつクライアントや上司に納得してもらえなければスタートできません。

私の交渉相手はクライアントですが、最初に私がプランを提案したときには「え!?」といった当惑の表情を浮かべたものが少なくありません。そして「PRは商品が発売されてから始まるものではなく、その商品化に向けた企画会議の段階から始まっている」ということも述べたとおりです。そこで、本章では、自分が考え抜いたプランを実行に移すために必要なプレゼン術について述べたいと思います。

結果から見れば、そのプランが効果的なものであっても、なぜ多くのクライアントは提案の内容を知らされたときに当惑したのでしょうか。それは、こちらが提案したプランが、彼らにとっては常識はずれのものだったからです。そして、誤解を恐れずに言えば、その常識は〝間違った常識〟だったのです。

立案したプランをクライアントや上司に納得させ、効果的なPRを実現するためには、まず、この〝間違った常識〟の正体を知っておく必要があります。現在、地方は「疲弊している」「活気がない」と言われています。二〇一五年一月には、安倍晋三内閣も「地方創生」をテーマに掲げ、一兆円の予算を投じることを決めました。しかし、本当に地方は貧しいのでしょうか。まず、こういった見方・常識を疑ってみる必要があります。

私は、二五〇〇件を超えるPRの仕事で、各地の地方自治体と関わりをもつようになって、それまでもっていた地方のイメージが変わりました。たしかに、地方には大都市のような超高層ビルも、便利なアクセスも、不夜城の賑わいもありません。しかし、豊かな自然と親密なコミュニティがあり、新鮮な食べものも身近で生産されています。住宅購入にかかる費用も、大都市のように高額ではありません。つまり「住む場所と食べもの」という人間が生きる上での最低限の土台があります。

しかし、「地方の活性化が必要だ」と言われる。これが、ひとつめの〝間違った常識〟です。そもそも「地方の活性化が必要だ」というのは東京の価値観に基づいた考え方であり、その視点で地方を見ているにすぎないのです。たしかに、戦後の日本では人・モノ・カネ・情報の東京一極集中が進み、地方のコミュニティは縮小し続けてきました。つまり、地方が置かれている現在の状況は、一極集中という日本の政治・経済の仕組みが生んだものです。その歪みによる弊害が限界に近づいていることが、東京の価値観で地方の活性化を重要視する本当の理由なのです。

それでも、国から予算をつけられれば、地方自治体としても「何かしなければ」と考えます。そして、地方活性化のためにどんなことがおこなわれたかと言えば、「ご当地グルメ」「ゆるキャラ」など過去の成功例を真似た当たり障りのないまちおこしばかりでした。これが、ふたつめの〝間違った常識〟です。すでに述べたことですが、PRの理想は「その土地の魅力を発掘して、一時的ではなく、永続的に情報を発信する」ということ。しかし、東京のニーズに応える形でのまちおこしには、独自の魅力も永続性もありません。

では、どうすればいいのか。私は、地方の活性化ではなく「地方共生」こそが目指すべきものだと考えています。若者が地方から大都市に出ていく、この傾向は簡単に止められるものではないでしょう。ならば、必要なのは地方と大都市の共生です。たとえば人口が地方から大都市に流出することは止められなくても、定年後、大都市から地方に移住するＣＣＲＣ（Continuing Care Retirement Community、高齢者が健康なときから介護が必要になるときまで、移転することなくケアを受けながら暮らし続けるコミュニティを意味する）は増やすことができるはずです。そして、そのためには地元の魅力を最大限に効果的に発信していかなければなりません。残念ながら、東京の価値観に沿っておこなわれたまちおこしの多くは、それぞれの地方の本当の魅力を伝えてはいないと思います。

本当の「地方創生」に必要なこと

また、東京の価値観に基づいた「地方創生」は、多分に〝東京にとって都合のいい地方をつくる〟という意味合いが含まれています。二〇一五年現在の政府は「地方創生」と並んで「女性の活躍」も政策の大きな看板として掲げていますが、このふたつから見えてくるのは「国として、労働力の減少にどう対処するか」という課題のように思えてしまいます。

まず「女性の活躍」は、これまで専業主婦だったような女性たちも労働力として稼働させたいから。そして「地方創生」にも、都市部は出産・子育ての面で難しい環境にあるので、地方での人口増に対する期待があるのではないでしょうか。つまり、労働力の供給源としての期待を地方に向けているのです。

ただし、そう都合よくはいきません。現在、厚生労働省は増え続ける医療費の増大を抑える目的で「病院ではなく、自宅で最期を迎えよう」というキャンペーンにも力を入れています。『平成二六年版　厚生労働白書』では「四九・五パーセントの人が自宅で死ぬことを望んでいるが、実際に死を迎えると思う場所として自宅を挙げた人は、全体の一六・五パーセントにすぎなかった」という内容が記されています。また、別のデータでは自宅で死ぬことを望む人は約八割に上るというものもあります。

しかし、戦後の日本社会で大多数の人は病院で亡くなってきたのであり、その傾向が強まるなかで女性の社会進出が続いてきたのです。いまになって「家で死ね」と言うのは医療費・介護費を軽減したいという立場なら当然とも言える要求ですが、同時に「女性の活躍」という大テーマと矛盾する政策でもあると思います。年老いた家族が自宅で最期を迎えるまで、その介護をするのは誰なのか。間違いなく、多くの場合は女性です。〝間違った常識〟は、こうしたさまざまな矛盾によって、また地方がそれに翻弄されることで生じているケースが少なくないと思います。

私は、地方の人口減少を解決したいなら、六〇歳以上の高齢者の力を活用すべきだと考えています。たとえば、子どもを保育園に預けて母親が働きに出ていても、子どもがすこしでも発熱すれば電話がかかってきて迎えに行かなければなりません。これでは仕事になりません。そうしたときに必要なのは、熱はあるけれど病院に連れていくほどではないという場合に、保育園に代わって子どもの面倒を看てくれる人たちではないでしょうか。そして、現在の〝元気な六〇歳以上の人たち〟は、それができるし、彼ら自身もそうやって社会に関わることを望んでいると思います。

こうした高齢者が多く活躍すれば、その地方に「ここで子どもを産み、育てよう」という若い世代が集まってきて活性化するでしょう。また、現在は少子化で地方にある多くの大学が存続の危機にあると言われていますが、そこにも学習意欲の旺盛な六〇歳以上の方々を呼ぶという案も考えられると思います。二〇一五年、厚生労働省は男性の平均寿命は八〇・五〇歳、女性は八六・八三歳となり、過去最高に達したと発表しました。これからさらに延びると予想されているのですから、六〇歳以上の方々に新たな生きがいや活躍の場を提供するのは当然のことと言えるはずです。

このような観点から、「活性化」というときに安易に若い世代だけをターゲットに考えるのも〝間違った常識〟だと思います。

PR戦略を考えるときのカギは「時代」

地方が抱える人口減の問題に、PRの仕事を通じてはじめて向き合ったのは二〇一二年、青森県からPRの依頼を受けたときのことです。担当者は、はっきりと「人口減少を食い止めたい」と依頼の主旨を語ってくれました。

私にとっては、はじめて取り組む大きなテーマでした。まず考えたのは「人口が減少するのは、ここに住みたいと思える魅力が少ないからだ」ということ。そして「では、何があれば『ここに住みたい！』と思うのだろう……」と思いを巡らせていきました。

ここで前章までの復習ですが、PRのプランを練るときに「人々がここに住みたいと思うためには」というふうに考えてはいけません。考えるときの主語は、あくまでも「個人」。そして、もうひとつのカギが「時代」です。つまり「いまの時代、何があれば私は『ここに住みたい！』と思うか」と、時代の価値観をベースに考えるのです。もちろん、私はＰＲのプロフェッショナルとして日々、自分の価値観が時代のそれと同化するように意識していますが、そういった時代感覚を備えた個人の価値観が重なり合う部分が、社会のニーズです。

頭に浮かんだのは、まず「儲かる仕事があれば、ここに住むだろうなぁ」ということ。まったくもって関西のオバチャン丸出しなのですが（笑）、政治が経済の活性化を最大の政策目標に掲げ、大企業に賃金の引き上げが求められる現在、「儲かる仕事」は時代の価値観・社会のニーズを充たすものと言えるでしょう。

そして、この発想をＰＲプランの軸としました。仕事がなければ、人口は流出する。当然のことです。では、地方で何をすれば儲かるのか。カリフォルニアのシリコン・バレーのようなハイテク産業拠点をつくれば、スティーブ・ジョブズに憧れる若者たちが大挙してやってくるかもしれませんが、それには時間もおカネもかかり過ぎます。やはり、予算的にも制限のあるなかで確実に有効なのは「観光」です。そして観光で集客できれば、土産品を開発するなど産業も生まれます。

　では、観光客を呼ぶために、青森の何をＰＲすべきか。リンゴというのは誰でも真っ先に頭に浮かぶアイテムかもしれませんが、あまりに当たり前過ぎて、それだけでは新たな集客にはつながらないでしょう。また、リンゴの産地としては長野も有名で、青森だけの魅力を表現するには弱い気もしました。

　そうして次に考えついたのが、青森県むつ市にある「恐山」です。恐山は、高野山・比叡山とともに日本三大霊山のひとつで、山を中心に地獄谷・賽の河原・極楽浜などと名づけられたスポットも点在し、冥界のテーマパークとも言える観光資源なのです。また、恐山にはイタコと呼ばれる巫女たちがいて、死者と対話する「口寄せ」をおこないます。これを知っている人は少なくないかもしれませんが、昨今の日本はスピリチュアルな文化が受け入れられやすい状況にあることも、私の頭にはありました。そして、パワースポットなどを訪ねる観光客の多くは女性です。「観光は女性がリードする」というセオリーにも適っています。

　また、青森県内には恐山のほかにもスピリチュアル・スポットが数多く存在しています。

たとえば五所川原の「十二本ヤス」。樹齢およそ八〇〇年の巨大な一本のヒバの木で、太い幹から一二本の枝が垂直方向に伸びています。その昔、弥七郎という若者が山の魔物を退治したとき、その供養として切り株に植えた一本のヒバが成長したという伝説があるのですが、不思議なことに、新しい枝が出て一三本になると必ずどれか一本が枯れ、つねに一二本で保たれているそうです。

青森県の不思議な「十二本ヤス」

ほかにも、新郷村の「キリストの墓」や、海賊の埋蔵金が埋められているという伝説の残る深浦町の「黄金崎不老ふ死温泉」、大漁豊漁や縁結びの願いをかなえる佐井村の「願掛岩」、クルマのギアをニュートラルに入れるとなぜか坂を上っていくように錯覚する階上町の「後

戻り坂」など、調べてみると青森はスピリチュアル・スポットの宝庫であることがわかりました。これらの情報を発信すればPRは成功するという確信を得たのです。

問題は、このプランを実現し、PRを成功させるためにクライアントである青森県にどうやって納得してもらうかです。幸いなことに、誰もがまず思いつくリンゴは、担当者も「あまりにも使い古されている」と感じていたようで、これに固執する意向はありませんでした。そして、県内に恐山をはじめとするスピリチュアル・スポットが数多く点在していることから、巡礼の旅のような「ストーリー」を演出することができると提案すると、納得のようすを示してくれました。観光集客が成功するか否かは、旅行会社が企画するツアーのテーマとなれる情報を発信できるかどうかにかかっていますが、この点でもスピリチュアル・スポット巡りは条件に適っていたと言えるでしょう。

相手をリスペクトする心のクセ

さて、それまでどんなPRをおこなっても成果が出ていなかったことの原因である〝間違った常識〟を解明し、具体的なPR戦略を決めたら、いよいよクライアントとの交渉です。交渉相手の心の壁を取り払って、懐に飛び込んでいかなければなりません。どんなにすばらしいプランも、クライアントが心を開いて首を縦に振ってくれなければ成果を生むことはできません。

私の場合、交渉するときの基本は、まず「相手をほめること」です。「何だ、そんなことか」と思われる方もいるかもしれませんが、これは非常に重要なのです。仕事とは、単純に言ってしまえば、互いが利益を得られるようにすること。そのためには当然、互いの要求を忌憚なく伝え合うことが必要で、相手との距離を詰め、近しい関係になることが求められます。

この「相手との距離を詰める」という点で、「ほめる」というのは実に有効です。もちろん、上辺だけのオベンチャラを言っても相手は心を開いてくれません。そうではなく、心の底から相手をリスペクトして、依頼されている案件に対して全力で取り組む姿勢が求められるのです。

そのために必要なことは、普段から「相手をリスペクトする心のクセ」を身につけておくことです。このクセが身についていて、依頼に対して全力で取り組む姿勢があれば、自然と相手のことを詳細に調べるようになるでしょう。人間は誰でも、初対面であったり素性を詳しく知らなかったりする相手に対しては警戒して身構えるものです。しかし、事前に先方のことを調べて、そのことをまじえながら話を始めれば、相手が心を開く速度は確実に早まります。

このことは地方へ講演に行くと、とてもよく実感できます。冒頭の挨拶のときに「私はこの地を何度も訪れ、○○旅館の女将（おかみ）さんのことをお母さんのように慕っています」とか、「私はいつも、この地の名産品を取り寄せて食べています」と言うだけで、会場の空気が一気に和むのがわかります。この場合も、その土地に関する情報をまじえて話したことで聴衆が警戒を解き、心を開いてくれたと言えるでしょう。

もちろん「私は、この土地の出身です」と言えれば最高でしょう。「実は、私の祖母が……」と言うだけでも効果的です。そして、そういった共通項は交渉相手のことを事前に調べておけば、きっと何か見つかるはずです。たとえば、出身校が同じというだけで相手の態度が急に柔らかくなったという経験は、多くの人にあるのではないでしょうか。趣味の話題でもいいでしょう。「私も○○には目がなくて」と言うだけで、相手の心の扉は確実に開きます。

交渉というのは人間を相手にすることです。相手の人柄や態度に応じて、話の進め方を調節することも必要になります。まず、一見して話しやすそうな相手の場合は、天候や季節の話題から、徐々に自分のプライベートを話すことにトライしてみます。初対面の相手と会話するときに、無難な天候や季節の話題から入ることは誰もが実践していることでしょう。ここで重要なのは、それに続けて自分のプライベートをさりげなく話すことです。たとえば「もうすぐ連休ですが、予報では天気がよさそうですね。と言っても、私はバツイチですから、寂しい連休になりそうですが」と、〝自分の腹〟を割ってみるのです。あえてプライベートを話すことで、相手は「この人は、私に心を許しているのかな」と感じ、距離を詰めることができます。

いっぽう、気難しそうで、プライベートの話をすれば逆に警戒されそうな相手もいます。その場合には、相手の得意分野・専門分野に関するタイムリーなニュースから話に入ります。たとえば、相手が観光業界の人間なら「二〇二〇年の東京五輪開催に向けて、ホテルも建て替えや新設が進むんでしょうね？」と投げかけてみる。当然、相手にとっては自分のテリトリーの話題ですから、専門的な知識を披瀝するでしょう。そうやって求めに応じて、やや〝上から目線〟で語ることは誰にとっても多少の快感をともなうものです。わるい気はしません。そして、この場合も必要なのは事前に相手のプロフィールをチェックして、その専門分野で「いま、何が起きているか」を把握しておくことです。

ここで述べた「心の扉の開かせ方」は、何もPR業界でクライアントと交渉するときにかぎったことではありません。自分の会社の上司や、同僚に対しても有効な技術です。

固定観念に縛られている相手は自分で考えさせる

私がPR業界で接するクライアントにも、いろいろなタイプの方がいます。ここからは、そのタイプごとに実際の例を挙げながら「私が、どのように交渉したか」を紹介していきましょう。

一九九三年に手がけた佐世保バーガーのケースは、いわゆる「固定観念に縛られている相手」との交渉でした。前年にオープンしたハウステンボスの観光効果を佐世保市全体に拡げて観光都市にする、それは佐世保市の魅力を知ってもらうための取り組みだから……

といった固定観念に縛られて「市内にある、すでに知名度の高い名所旧跡をアピールすることがベストの方策だ」という考えに偏り過ぎたものになっていました。この場合は、まず相手の心の扉を開かせた上で、その固定観念の問題点を論理的に指摘することが大切です。

ただし、「それは間違っています」と言うだけではダメです。本当に明らかな間違いであっても、いきなりそれを言われた相手は確実に気分を害します。繰り返しますが、まずは、ある程度何でも言い合えるような親密な関係を築いておくことが大切です。そして、そのために佐世保市の文化や歴史を徹底的に調べて自分のなかに知識として蓄積しておく必要があるのも、すでに述べたとおりです。

私は「佐世保市の九十九島では、すばらしい夕陽が眺められるのですね」「佐世保市には、貿易港として長崎にも負けない歴史があるのですね」と、相手にとって誇るべき佐世保市の魅力を自分から語りながら、しかし、それを知ってもらうことが目的だとしてもハウステンボスと競合するような景色をアピールしたところで、ハウステンボスを目当てに訪れる観光客を市内観光に誘致することは望めないことを説明しました。

佐世保市の魅力を広く知ってもらうためにも、まずは間口を大きくして、より多くの人に来てもらう必要がある。そのためには「いま大人気の観光資源であるハウステンボスの集客力を利用する」という大前提を踏まえて、ハウステンボスにやってくる観光客に向けたPRを展開する必要があると説得しました。

こうして、当時、〝ヨーロッパ風の高級リゾート〟としてアピールしていたハウステンボスと共存できる観光資源として、米軍基地の歴史が生んだ佐世保バーガーにスポットを当て、「ヨーロッパとアメリカを二泊三日で楽しめる佐世保の旅」をテーマとしたPR展開を提案したのです。

当初、佐世保市の職員たちは「米軍基地に関するものには触れたくない」と頑(かたく)なに拒み続けましたが、ハウステンボスとの共存が大切であること、そして、何よりハウステンボスがこのテーマに乗り気になってくれたことが不可能を可能にしました。オープン二年めで、集客に向けた新たな方向性として周遊（パッケージツアー）に関心を寄せていたハウステンボスにとって、米軍基地ゆかりのアメリカン・グルメ「佐世保バーガー」は絶好の観光資源だったのです。

相手を縛っている固定観念が目標達成のためには邪魔なものであることを納得してもらうには、その目的に応じて本当に必要なことは何かを論理的に説明することが求められます。しかし、真っ当な論理ほど相手の感情によって否定されるケースが少なくないのも事実です。では、どうするか。まずは「この人は、市のことをここまで詳しく調べているのか！」と相手に認めさせること。そして、相手を縛っている固定観念が邪魔なものであるなら、それはプロジェクトの目的との間に矛盾が生じている、と考えるべきなのです。最終的な目的が何であるかを、相手に考えさせ、自分自身でその矛盾に気づかせるような話の進め方を心がけることが大切です。

具体的には「あなたの考えは間違っている」と断言するまえに、「あなたの考えている現在の方向性は、本来の主旨・目的と矛盾しますよね？」と投げかけ、それに対して納得のようすを示したならば「どうしたらいいでしょう？」と相手自身に考えさせるのです。

自信を失っている相手には勝算を語る

ＰＲを依頼するクライアントは、やはり「どうにかして窮地を脱したい」と考えている方々が多いのですが、なかには極度の自信喪失に陥っているケースもあります。実は「自信を失っている相手」との交渉は、非常に難しいものです。

自信喪失の状態なら、どんなプレゼンをしても藁をもつかむ思いで食いついてくるのではないか。そう考える人もいるかもしれません。しかし実際は逆で、相手は「何も信じられない」という精神状態にあるのです。そういった相手に対して適切なプランを提案しても、ゴーサインの承諾をもらうのは難しいのが現実です。

二〇一二年六月から七月にかけて、明石市（兵庫県）が大阪の西武高槻店で観光物産展をおこなったとき、PRを担当しましたが、クライアントである明石市の職員の方々はまさに自信をもてていない状況でした。そもそも百貨店でやる観光物産展は、たとえば東北（六県）といった地域の単位、あるいは最低でも都道府県の単位で催すのが普通です。明石市単独で百貨店のイベントに打って出ることが、そもそも無謀に近い冒険と考えられていました。期待と希望を込めて企画したイベントであるはずが、いつのまにか明石市の職員の方々は〝不安でいっぱい〟という状況に陥っていたのです。私は「何とか観光物産展に多くの来場者を集め、目標の売り上げを達成できるようにしてほしい」と言われました。

そのとき、観光物産展の開催はすでに決まったあとでした。つまり「もう、逃げられない」という状況にあったのです。

明石市と言えばタコが有名ですが、ほかにも多くの海産物が豊富に水揚げされます。そして市内には、それらを売る「魚の棚」という市場があります。以前から明石市では、この魚の棚を中心に、明石港で水揚げされる海産物を地産・地消する仕組みが整っていました。しかし長引く不況の影響で、徐々に地元だけでは漁師の生活を維持するだけの売り上げを確保することが難しくなっていました。また自慢のタコも、ここ数年は売り上げが伸び悩んでいました。そこで、百貨店で観光物産展を開催することで大阪の人にも新鮮な明石の産品のすばらしさを知ってもらい、永続的な売り上げにつなげていこうというのがイベントの主旨でした。ひとつの市が百貨店で観光物産展を開催することは、たしかに冒険ですが、そこで成功すれば百貨店のバイヤーたちも積極的に明石の産品を買うようになるのではないか、という目算もありました。

この前々年の二〇一〇年に、サッカーのＦＩＦＡワールドカップが南アフリカ共和国で開催されましたが、そのときに日本でも話題になったのがドイツの水族館にいた「タコのパウル君」です。ご記憶の方も多いのではないでしょうか。ワールドカップで対戦する国々の勝敗を予想し、次々と的中させた、あのタコです。タコは、明石市の代名詞でもある。そして二〇一二年六月と言えばロンドン五輪を目前に控えた時期ですから、「五輪での日本のメダル獲得数予想を明石産のタコにさせよう」と私は考えました。

ただ、そのプランをプレゼンする相手が、もっともインパクトのある明石のタコに自信をもてないでいる状況でした。「自慢だったはずのタコが売れない」ことが観光物産展を企画した要因でもあったのですから、そのタコを観光物産展のメインに据えるなどということは、とても考えられなかったのです。そのため、明石市の職員のなかには「海産物よりもスイートコーン（トウモロコシ）のほうが集客できるのではないか」と考えている人もいました。明石市はスイートコーンにも力を入れており、地元でも人気だったので、増産の計画を進めているところでもありました。

しかし、スイートコーンで北海道と勝負して勝てますか？　私が、まず強調したのはその点です。チャレンジするなら「これならば誰にも負けない」というアイテムで勝負しましょう、そう説得しました。そして心がけたのは、プレゼンするときの口調も含めて、こちらも相手を疑心暗鬼にさせるような弱気な態度は見せないようにすることです。あくまでも、こちらは自信満々に「タコなら勝てます！」とプレゼンしたのです。明石市ならではの〝宝〟がもつパワーを、もう一度、見出してほしい。心からそう願いました。

結果、提案したプランは採用されました。さらに、私は「タコを主役にした観光物産展ならば……」と考え、「タコ展長」と名づけたマスコット・キャラクターも配置しました。イベントは大成功。売り上げは目標の「一五五パーセント」を記録しました。用意していた商品は完売し、さらに追加で商材を仕入れて、おおいに売ることができました。

プライドのある相手にはトレンドを打ち出さない

二〇一三年から始まった畳供養の事例はすでに紹介しましたが、その六年前から、さまざまなPR戦略を繰り出してきた経緯もあり、クライアントである全国畳産業振興会との仕事はその後も続いています。日本の伝統産業に携わるだけあって、畳の職人たちは高いプライドをもっていて、積極的に営業に打って出ないことも畳の需要減少の一因でした。畳供養にいたるまでも、私はあの手この手で多くのPRプランを提案したのですが、そこでも彼らの高いプライドはクリアすべき大きな課題でした。

　まず、私が提案したのは「畳ネクタイ」。畳表を素材として、畳以外の製品にも使っていこうというものです。ネクタイのほかにも、ワンボックスカーの内装に畳を敷いた「畳でゴロ寝カー」など多様な展開が考えられました。畳は日本人にとって心休まる住空間であると同時に、涼しげな天然素材でもあります。クールビズやエコロジーといった時代のトレンドともマッチすると考えたのです。

　しかし、私の提案に対して畳職人たちの反応は「そんなもの、畳じゃない！」。それでも畳ネクタイの製品化には漕（こ）ぎ着けましたが、やはりつくる当人たちの情熱がなければ、ＰＲでどんなに情報を発信しても人々を動かすことはできません。畳ネクタイの失敗は、私にとって苦い経験となりました。

　どうすれば、プライドをもつ畳職人たちが意気に感じて取り組めるようなＰＲを仕掛けられるのか？　考え抜いた結果「単にトレンドを取り入れただけの製品を開発してもダメだ」という結論にいたりました。クールビズやエコロジーといったトレンドがあっても、職人たちにとって、畳は畳。あくまでも伝統的な畳で勝負して、そこで需要を増やしていくしかない。それをPR戦略のベースにしようと決めました。

畳ネクタイの失敗を経て、全国畳産業振興会とのおつきあいも三年めに入っていました。結果を出さなければいけないタイムリミットと言えるでしょう。そこで提案したのが「畳ドクター」です。熟練の畳職人が張り替えの時期を診断するというものです。まず、畳の変色具合を質感も含めて専門的見地から「新畳時の色合い」「このままご使用ください」「お取り替え時期です」「直ちにお取り替えください」の四段階に分け、詳細な「畳カルテ」も作成します。これならば、畳職人たちも納得して取り組んでくれるし、畳の張り替えを促して需要増にもつながります。

そして、この畳ドクターは成功。日本PR協会が毎年おこなっている「PRアワードグランプリ」のソーシャル・コミュニケーション部門で最優秀賞もいただきました。また、私自身、畳ネクタイから畳ドクターにいたるまでの取り組みを通じて、大きな教訓を得ることができました。いま考えれば、職人たちが「畳ネクタイなんかつくりたくない」と言ったのは正しい意見だったと思います。原点である畳の文化がしっかりと根づいていなければ、それを素材に使った派生商品を小手先のアイディアで考えても一時しのぎにしかなりません。日本人の住空間から畳敷きの和室がなくなってしまったら、畳ネクタイが流行ったところで成功とは言えないのです。

伝統文化を背景に高いプライドをもつ相手に対しては、単にトレンドを取り入れただけの提案ではなく、その原点に立ち返ってPR戦略を考えることが必要です。

価値に気づいていない相手には理屈ではなく実例を示す

二〇一一年の秋、ふたりの女性が私を訪ねてきました。ふたりは親子ですが、それぞれ別のブランドで会社を経営しようとしておられました。母親の真田千奈美さんは、京都にある乾物の製造販売会社「山城屋」の経営者。そして、娘の寛子さんが同じ京都の観光地で「きなこ家」という、京きな粉を使ったスイーツの専門店をオープンすることになり、そのPRを相談しに来られたのです。

まだ若い女性が新たに事業を立ち上げるのだから、不安もあるでしょう。そして自身も経営者である母親が、娘の事業を応援したいと願っておられる。それはわかるのですが、なぜ「きなこ家」を母親の会社の事業としてではなく、娘の経営に任せるのでしょうか。

経験のある母親が自分の会社の事業として「きなこ家」を立ち上げ、軌道に乗ったら娘に任せるというほうがリスクも少ないし、合理的だと思いました。そのことを訊ねると、母親の千奈美さんは次のように答えました。

「うちは一〇〇年以上の歴史をもつ会社ですが、時代の変化に対応するために代々、別の屋号で乾物の製造販売をしているんですよ。私の義母の悦子は『株式会社真田』という、また別の会社の会長をしています」

さらに聞くと、三代続く「女性経営者の物語」が見えてきました。寛子さんの祖母にあたる真田悦子さんは、第二次世界大戦で財産のほとんどを失ってしまった小さな乾物問屋の嫁でした。そして昭和三〇年代、主要都市にでき始めていたスーパーマーケットに大きな将来性を確信し「ここと取引する問屋をつくれば成功するはず」と一念発起。嫁ぎ先の「株式会社真田」がスーパーマーケットと乾物を取り引きする道筋をつくったのです。悦子さんの読みは大正解で、スーパーマーケット業界の躍進と足並みを揃えるように「株式会社真田」も年商三〇億円の企業に成長しました。日本人の消費行動に革命をもたらすこととなったスーパーマーケットに、いちはやく着目したのは女性ならではの慧眼です。

やがて時代は平成に移り、悦子さんのご子息である真田佳武さんが「山城屋」の屋号で新しい会社を興しました。佳武さんは悦子さん譲りの〝一歩先を見る才覚〟で、平成の世は女性が活躍する時代と判断。そのニーズに合った事業を進めるには女性のリアルな感覚が必要だと考え、嫁である千奈美さんに商品開発を託しました。

千奈美さんは期待に応えて、簡単に調理ができる乾物を開発して商品化しました。ちょうど、女性の社会進出が急速に進んだ時代です。仕事が忙しくなり、料理に時間をかけられないという女性たちのニーズに応え、この商品も大ヒット。千奈美さんは、二代目女性経営者の役割を立派に果たされました。そして、今度は三代目の寛子さんが起業する番となったのです。

刻々と変化する時代のニーズに応えるために、代々の女性たちが新しい感覚を活かした事業を興し、それぞれの屋号をつなぐことで一〇〇年を超える歴史を引き継いでいく……これは、すばらしい経営感覚です。ＰＲにとって「物語」が重要な価値をもつことはすでに述べたとおりです。また、その「物語」に時代感覚をプラスすることによって、ＰＲ効果（話題性）は飛躍的にアップします。

　寛子さんは、きな粉が最近、そのヘルシーさからも注目されていることから「きな粉の価値を知ってもらう方向でＰＲしたい」と考えていたようですが、私は「女性経営者三代の物語」をＰＲ展開の核とすることを提案しました。女性の活躍が求められ、政策にも取り入れられる時代に、真田家の女性経営者たちの慧眼と敏腕は世の女性たちを勇気づけるでしょう。そして、一〇〇年を超える老舗である真田家の事業全体に全国の注目が集まると確信したからです。

「まずは、真田家の女性たちがやってきたことを物語としてまとめて、社会へ発信することが、もっとも効果的なＰＲになるはずです」

　それを聞くふたりは、まさに当惑の表情を浮かべていました。自分たちの家の女性の歴史に、人々を動かすよう

真田家の女性経営者たち

な価値が秘められていることに気づいていなかったのです。

「自分の価値に気づいていない」というケースは、よくあります。そして、そういった相手を説得するには、何といっても実例を示すにかぎります。「物語」をPR展開の核として成功した例は、すでにいくつか紹介しましたが、私はこれらの実例を詳細に伝えました。そして当時、NHK「連続テレビ小説」で放送されていた『カーネーション』の話をしました。このドラマで主人公のモデルとなったのは、ファッションデザイナーとして揃って活躍するコシノヒロコ・ジュンコ・ミチコの三姉妹の母親・小篠綾子さんです。このドラマが成立するためには、主人公である母親が洋裁の仕事をしながら育てた三姉妹全員がファッションデザイナーとして成功していることが必要でした。そして真田家の「女性経営者三代の物語」も、三人が同じ経営者として頑張る姿が社会からの共感を得ると説いたのです。

寛子さんが考えていた「きな粉の専門店をやるのだから、きな粉の価値を知ってもらいたい」という方向性は、まさに正論です。正論を打ち破るためにも、過去の成功例を具体的に紹介していくことがもっとも効果的なのです。あることの価値に気づいていない相手なら、理屈で説明するよりも、実例こそが説得力をもちます。

また、私は経営トップの佳武さんに「女性経営者三代の物語を軸にＰＲ展開すれば、『きなこ家』だけでなく『株式会社真田』『山城屋』にも波及効果が及ぶ」ということを説明しました。先ほど述べたように佳武さんは、はやくから「平成の世は女性が活躍する時代だ」と考えていた方です。こちらの提案の意味をすぐに理解して、千奈美さんにこれまでの女性経営者たちの活躍をまとめるよう指示しました。まさに、先見の明をもつ経営者と言えるでしょう。

こうして、千奈美さん・寛子さんは約一カ月後、物語を書き上げてくれました。これを「山城屋おんな三代経営記」というタイトルで「山城屋」のホームページにアップしたところ、案の定、新聞やテレビが注目して取り上げてくれ、大きな成果が上がったのです。

このケースでは爆発的なヒットを最初から狙うのではなく、個人的な物語をまずは世間に浸透させる手法をとりました。「株式会社真田」も「山城屋」も「きなこ家」も、こだわりの食材を大切にする中小企業だからです。記者発表やプレスツアーなど一括した取材会を開催して一気に注目を集めると、せっかく大切に守ってきたこだわりを壊す可能性があったため、効果的に情報が連鎖するよう「火をつける仕掛け」を施す方法をとりました。こうすることで本人たちの負担が少ないだけでなく、効果が長く続き、やがてイメージとして定着するという理想的な結果も期待できると考えたのです。

そこで、京都を強調したおんな三代記の物語をまとめた資料を、地元紙の『京都新聞』に紹介し、狙いどおり大きく紹介されたことがこのPRを成功に導きました。「京都の物語」は特別な薫りをまとってメディアに飛び火していきます。京都特集というものは、テレビでも雑誌でも必ず毎年企画されるものです。案の定、関西のテレビ番組が追随し、そして東京キー局の情報番組、ワイドショーへと理想的な報道連鎖が起こりました。もちろん個人にスポットが当たっているので、「こだわり」を強調しながら、企業に負担をかけることはありません。「テレビに出て嵐(あらし)のように人が押し寄せ、嵐のように去っていく」という現象を避けながら、ブランディングを成功させたのです。当然ながら、千奈美さん・寛子さんの尽力なくしてはこのPRの成功はありえません。

交渉相手を納得させるために論理は不可欠ですが、ときには論理的な説明をあと回しにして、実際の成功例の紹介から話を進めることも必要になるのです。論理と例証は人間を納得させるための両輪です。しかし、それらを繰り出す順番は臨機応変であるべきです。そして、そういった話を自信たっぷりに語るのか、まずは相手に考えてもらうためにやんわりと語るのかは、相手のキャラクターや精神状態を見極めて選択していかねばなりません。そのために求められるのが、やはり事前の情報収集と相手をリスペクトする心なのです。

ときには裏口からアプローチしてみる

「今年の漢字」のPRについてはすでに紹介しましたが、このイベントは最初、この名称ではありませんでした。クライアントである日本漢字能力検定協会は、別の名称「今年を表現する漢字一字」に強くこだわっていました。それは、たしかに彼らがこのイベントに込めた理念を不足なく表す言葉でしたが、長過ぎました。PRで用いる言葉は短く、心に響くものでなければいけません。特にマスメディアに向けて発信するリリースでは、長過ぎる名称は大きなハンデとなります。

そこで、私がどうしたかというと、イベントの正式名称はクライアントが考えたとおりのものを採用し、一般には非公開のプロモーション資料の見出しなどで「今年の漢字」という言葉を使ったのです。すると、どういうことが起きたでしょうか。同じ内容を伝えるふたつの言葉があって、ひとつは短い。もうひとつは長い。そういった場合に一般的に用いられるようになるのは、必ず短いほうなのです。このイベントに注目したマスメディアからの問い合わせも「『今年の漢字』の件で……」となるし、実際に記事になるときも「今年の漢字」という名称のほうが使われるようになります。

そうして既成事実を積み重ねていき、やがてクライアントも、自分たちの企画したイベントがマスメディアで取り上げられる回数が増えていけば問題なかったため、「『今年の漢字』という言葉も定着したし、これでもいいか」となったのです。

同じような「裏口からのアプローチ」は、実は佐世保バーガーのときにも使わせてもらいました。すでに述べたように、クライアントである佐世保市は米軍基地との関係が深いハンバーガーを前面に出してPR展開することに難色を示していました。しかしPRの目的は佐世保市だけでなくハウステンボスへの集客にもあったので、「絶対に佐世保に根づく独特のハンバーガーでいこう」と考えていた私は、まずハウステンボスの担当者に働きかけました。ちなみに、この当時「佐世保バーガー」という言葉はまだ存在していませんでした。私の「観光客を呼ぶには地元の食べものを紹介する必要がある」という主張には納得していた佐世保市は「とにかくハンバーガー以外で」と九十九島の鯛素麺（たいそうめん）などを挙げていたのですが、その要求もそのまま受け入れました。そして、ハウステンボス側の要求として佐世保バーガーもPRの要素に取り入れるようにしたのです。

「今年の漢字」も佐世保バーガーも、クライアントからの要求を半分無視したような形ですが、PRの成果を出すことで納得していただいたと思っています。しかし、すべて無視したわけではありません。日本漢字能力検定協会が考えた正式名称もしっかりプレスリリースに記したし、佐世保市が挙げた九十九島の鯛素麺も紹介しました。これは大切なことです。PRの成功に向けて自分が「こっちだ！」と確信する方向性があれば、単にクライアントの言いなりになるだけでなく、ときには裏口からアプローチすることが必要ですが、独善的な暴走は許されません。あくまでもクライアントと、発信した情報を受け取る側の人々が「WIN×WIN」の関係になるようなPRでなければなりません。

本当のプレゼンは拒絶されてから始まる

この章の最初で述べたように、私の考えるＰＲプランはクライアントからすれば〝常識はずれ〟のものが多いようです。提案は大抵の場合、まずは却下されます。しかし、そこからが本当のプレゼンです。

「今年の漢字」という言葉を日本漢字能力検定協会が考えた正式名称とは別にマスメディアだけに見せるプロモーション資料のような形で流通させたことも、佐世保バーガーをハウステンボスからの要求としてＰＲの要素に取り入れたことも、広い意味でプレゼンだったと思っています。自分が正しいと信じる方向性を、最終的にクライアントに受け入れてもらえるようにする。それがプレゼンです。

滋賀県の琵琶湖(びわこ)に「ミシガン」という外輪船が運航していて、かつてはそのレトロで美しい外観も手伝って観光客に人気がありました。しかし、ここ最近はその人気に少し陰りが見え始めていました。そこで汽船の運航会社からＰＲのアドバイスを依頼されたのですが、私には「乗客を増やすには、まず琵琶湖に観光客を呼ばなくてはダメだ。そのためには、やはり地元の食べものを紹介する必要がある」という考えがありました。クライアントとしてはミシガン汽船をＰＲしたいのですから、自分たちが出す予算で琵琶湖周辺のグルメを紹介することは、たしかに納得し難いものでしょう。

しかし、私の「観光客を呼ぶには、まずグルメ」という確信は変わりませんでした。そこで、私は担当者のまえで新聞を拡げて「汽船を取り上げるテレビ番組はほとんどありませんが、グルメを取り上げる番組はこんなにありますよね」と布石を打った上で、私がたまたまブレーンとして関わっていたＮＨＫ－ＢＳのグルメ番組でどのように企画を考えているかを事例に説得を試みました。

近江牛のステーキなど、琵琶湖の周辺には全国区で多くの人々を引きつけるグルメ要素がたくさんあります。そして、クライアントの担当者に「ＮＨＫのこういう番組で琵琶湖の周辺のグルメは取り上げられやすい傾向にありますが、どうでしょう？」と言ってみたのです。それも、正面切って提案するのではなく「ああ、そう言えば」といった感じで、ボソッと告げたのです。ここまで状況を整えてしまうと、担当者にも「ミシガン汽船のＰＲをしなければいけない」というタテマエよりも、「そのためにも、まずは琵琶湖に多くの観光客が来てくれなければ」というホンネが強く働くようになるのです。

問題は「どこまでやっていいか」でしょう。先の佐世保バーガーの例では、ハウステンボスからの要求という形にはしましたが、クライアントが拒絶したハンバーガーという要素をＰＲに盛り込むことは、それだけで〝即、退場！〟の危険もともなう行為です。実際、佐世保市の担当者が違う方だったら、私はクビになり、佐世保バーガーが世に広まることもなかったかもしれません。ここでも、やはり大切なのは「個人」として交渉相手と接することだと思います。

つまり、クライアントは佐世保市という自治体で、私がいただくギャランティも含めてＰＲの予算は市民の税金から出ています。だとしても、考えたプランをプレゼンする相手は窓口になっている職員個人だということです。佐世保市としてのタテマエとは別に、担当者個人のホンネがあるはずです。

そのホンネとは「佐世保のハンバーガーは、たしかにおいしい！」という直接的な同意かもしれないし、「いま任されている、この案件を成功させて上司に認められたい、出世したい」という欲求かもしれません。そのホンネ＝隠された目的を見抜くことができれば、成功は見えてきます。

クライアントの事業成功のために、自分が考え抜いたプランを通すまでがプレゼンです。会議の席での却下は、あくまでもタテマエ。そこから、担当者個人のホンネに訴えかける本当のプレゼンが始まるのです。

TMオフィスでのスタッフの動かし方

「『心の扉の開かせ方』は、何もPR業界でクライアントと交渉するときにかぎったことではありません。自分の会社の上司や、同僚に対しても有効な技術です」と、前にも述べました。本章の最後に「自分の部下に自ら動いてもらう方法」をお話ししたいと思います。もし、あなたが経営者なら「社員の動かし方」ということになるでしょう。自分の部下も、自社の社員も、はっきりとした〝味方〟です。味方に戦略どおりの働きをしてもらえなければ、どんなプロジェクトも成功することはできません。

私自身も「TMオフィス」というPR会社の経営者です。創業は一九八九年、株式会社として法人登記したのが一九九二年です。現在の従業員数は二一人。正社員に、専属契約の女性スタッフを加えた人数です。ＰＲには、やはり女性の感覚や発想が大切なので、フルタイムで働けない主婦も生命保険の外交員のような形で雇用しています。

仕事も自分ひとりだけでやっているうちは、いつでも「や〜めた！」と言うことが可能ですが、それぞれの生活がある人たちを雇えば、無責任は一切許されません。自分の部下であるスタッフに最大限の能力を発揮してもらえるように考える必要があります。

私が考えたのは「働き方」です。それを考えるようになった背景には、かつて社員が「社長のやり方には、ついていけません」と言って、ほぼ全員が辞めてしまった苦い経験があります。ここまで読み進めてくれた方は、もう気づいているかもしれませんが、いい意味でもわるい意味でも、私は「感性を頼りにする人間」なのだと思います。また、前節で述べてきたようにクライアントの意向を覆してＰＲプロジェクトを進めるのも仕事ですから、昨日と今日で言っていることが違うということも多々あったでしょう。大切な味方となるべき部下たちがついてきてくれないのも当然でした。

その苦い経験を踏まえて「みんなに自由に働いてもらおう。そのなかで、それぞれの能力を最大限に発揮してもらえばいい」と考えるようになったのです。前述した女性スタッフたちには特に、フレキシブルに働いてもらえるように配慮しています。彼女たちには、たとえばテレビ局回りも任せますが、ひとつの局に行って特定のプロデューサーに面会するのは二時間もあればできる仕事です。子どもがいても、その二時間だけベビーシッターなり託児所に預ければ無理なく仕事をすることができます。

子育て中の主婦と言っても、子どもの成長の度合で「いつ、どんな労力が必要か」は異なってきます。その意味では、自由に働いてもらうのではなく「それぞれのライフスタイルに合わせて働いてもらう」と言ったほうがいいかもしれません。

社員には、ある案件を任せたら、そのプロジェクトをひとりでやるか、ほかのスタッフと一緒にやるかも決められる裁量を与えています。これも、社員ひとりひとりが、抱えている仕事の量とプライベートの状況を照らし合わせて「ライフスタイルに合わせた働き方」ができるよう、自分で判断してもらうためです。また、ひとりでは難しいと判断したなら「誰と組むか」を決める裁量も与えました。そして、そうやって成功させた案件に対して、どれだけの報酬を求めるかも自己申告させることにしています。もともとPRの案件ごとの予算は、会社として共有している情報です。その範囲のなかで「この仕事はひとりで成功させたのだから、これだけほしい」と言うのは、当たり前の主張だと思います。

いまのところ、この方針で「ＴＭオフィス」は巧く稼働していると思います。自分の流儀を部下にも押しつけてほぼ全員に反旗を翻されたとき、私がもっとも見失っていたものは何か。その答えははっきりしています。「人が自ら動く」というテーマで考えれば、個人の価値観をないがしろにしていたということです。

第四章　メディアを動かす

プレスリリースの「5W1H」と「YTT」

第二章では社会を動かすということ、そして第三章ではクライアントを動かすということについて述べました。この第四章では「どうやってメディアを動かすか」をお話ししたいと思います。

ＰＲ業務には、メディアとの連動が欠かせません。製品やサービスの情報を直接、人々に発信する方法としてはダイレクトメールがありますが、これはＰＲではなく広告に分類されます。また、この方法では大量のダイレクトメールを印刷し、さらにポスティングもおこなわなければならないので、そのコストも発生します。そうではなく、ＰＲはまずメディアに向けて「プレスリリース」という形で情報を発信し、その情報をメディアの手でニュースとして人々に伝えてもらうのです。つまり、メディアがもつ情報発信力を梃子（てこ）のように利用するのがＰＲによる情報発信の手法です。

当然、まず大切になるのは「効果的なプレスリリースを、どうやって書くか？」ということです。特に、タイトルは重要です。具体的な〝テクニック〟については後述しますが、基本として大切なことは、まず「5W1H」を的確に伝えることです。これはプレスリリースにかぎらず、すべての文字情報の基本とも言えることでしょう。文章を書くという行為は、誰にとっても「すでに頭のなかにあることを文字化する」ことです。つまり、書いている本人にとっては、すでにわかっていること。これを、その情報をまだ知らない人に向けて文字化する際には、必要な事柄をつい書き漏らしてしまうことがよくあるのです。

つまり「5W1Hを正確に伝えていない」という基本的なミスは、誰もが犯してしまう危険をもつものですが、そのミスを防ぐための心構えがあります。それは「この情報を知ってもらいたい！」という根本的な目的意識を強く持ち続けることです。プレスリリースは、メディアに向けての提案書です。私は「この情報があなたの書く記事に役立つと思う。読者や視聴者のためにもなると思う」と、いつも強く思いながらプレスリリースを作成しています。そして「いちばん大切な情報は何か？」をつねに念頭に置いています。

また、プレスリリースという特定の目的をもつ文章を書く上では、5W1Hに加えて「YTT」という要素も重要となります。Y（Yesterday）、T（Today）、T（Tomorrow）という時間軸に沿って情報の価値を表現することが求められます。つまり、「情報の物語」

を簡潔に伝える必要があるのです。間違いなく人類に利便性を提供する新商品の発売という情報を発信するのなら、その商品の性能という現在的な価値だけでなく、それが存在しなかった過去はいかに不便だったか、さらにその商品が普及した未来がどれほど快適になるかを表現するのです。社会にとっての商品の価値は、このＹＴＴを抜きには決して決められません。

その言葉に「ニュース性」はあるか?

プレスリリースは「メディアを動かす」というＰＲの手法ですが、忘れてならないのは、そこに記される内容はメディアにとっても価値のある情報でなければならないということです。つねに面白い（読者・視聴者の興味をそそる）ニュースを探しているメディアの人たちとも「ＷＩＮ×ＷＩＮ」の関係を築くことが必要なのです。また、そうでなければニュースとして取り上げてもらうことはできません。

では、何がメディアにとって価値のある情報なのか。これがわかっていないと、メディアの人たちの心に響くプレスリリースをまとめることはできません。メディアがプレスリリースに記載されている内容を精査するときのポイントは、何よりもまず「その言葉にニュース性があるか?」ということです。

私は、かつて日本漢字能力検定協会がおこなっている日本漢字能力検定の受験志願者を増やすために、年三回おこなわれていた検定試験のたびに「過去最高の志願者数」という言葉を使ってプレスリリースを発信しました。一九七五年からおこなわれるようになった日本漢字能力検定は、一九九二年には文部省(当時)認定の資格となりましたが、私が関わり始めた当時は年間の累計志願者が数十万人の単位でした。一九九五年に前述の「今年の漢字」がスタートし、志願者が増えていきましたが、「数十万人」という数字にニュース性があるかと言えば、中途半端な数字です。たとえば「iPhone5が発売から三日で販売台数五〇〇万台を突破した」という情報に比べれば、明らかにニュース性に欠ける数字です。

日本漢字能力検定の場合は、具体的な数字を挙げるよりも「過去最高の志願者数」と表現したほうがニュース性が高いと考えたのです。もちろん、この「過去最高」というのは事実です。PRで発信する情報にウソがあってはならないのは、第一章でも「四つの理念」の箇所で述べたとおりです。数十万人というのは決して少なくはないけれども、ありふれた数字。それに対して「過去最高」という言葉は絶対の価値を含んでいます。「最高」でも「最低」でも、あるいは「最大」でも「最小」でも、これらはニュース性のある言葉なのです。

タイトルとヴィジュアルだけで理解できるプレスリリースを

プレスリリースは、一般的にはＰＲする製品やサービスの情報を伝えるものですが、私にとっては地方の文化や歴史を社会に伝えるツールです。脈々と続く歴史や文化を、いかに「いま伝えるべき、ひと言」で表現するか、この仕事を始めて三〇年、つねに考え続けてきました。ここでは、具体的に「ひと言でメディアの担当者の心をつかむプレスリリースの書き方」についてのテクニックを紹介したいと思います。

まず、私がもっとも重視しているのは、タイトルをいかに印象づけるか、その言葉のつくり方とヴィジュアルです。地方の歴史や文化をひと言で伝えるＰＲを長年おこなってきた所以(ゆえん)ですが、昨今では印象的な言葉とヴィジュアルがコミュニケーションの核となるインターネットの普及により、企業の新商品やサービスの情報を伝えるプレスリリースにも必要なノウハウだと理解してもらえるようになりました。

先に紹介したような「心に刺さるタイトルとヴィジュアル」を中心に、それにともなう物語を簡潔な文章で綴る。それが、私の考える「効果的なプレスリリースを書く秘訣」です。

当然のことですが、ヴィジュアル素材も、ただ製品の形がわかるというだけの写真ではなく、その製品のセールスポイントとなる性能などがひと目で伝わってくるものでなければなりません。また「情報の物語」は、ヴィジュアル素材にも求められます。エステなどの美容系サービスでよく使われているのが、いわゆるビフォー／アフターのヴィジュアルです。「このサービスを利用すると、こんなに美しくなる」ということをヴィジュアルで効果的に表現するなら、使用後の写真だけでは十分とは言えません。使用前との比較によって、そのサービスの価値がひと目でわかるようになるのです。

さらに、人に自ら動いてもらうには、どんな情報も人間の本能・欲望にピンポイントで訴えかける工夫が必要です。たとえばハンバーガーのような食品をＰＲするのであれば、それだけを単に美しく撮った写真よりも、人が手にもち、食べようとしている瞬間を捉えたヴィジュアル素材のほうが圧倒的に効果があります。また、シャンプーや化粧品、衣類、アクセサリーといった女性の美に関連した商品の広告で「道ですれ違った人に振り返られる」といったヴィジュアルをよく目にしますが、これも「美しく見られたい」「注目されたい」といった女性の本能に訴えかけることを狙った演出です。

「写真もあったほうが、わかりやすいだろう」などといったいい加減な考え方ではなく、その商品が実際にヒットするとしたら人間のどのような欲求を充たした場合なのかを徹底的に考える、イメージすることが必要だと言えます。

「これを見て！」の訴求力

かつて、私がＰＲの仕事を始めた当時は、まだ文字の説得力が強く、プレスリリースも文字だけでＡ４・一〇〜二〇枚にもなるものも少なくありませんでした。しかし現在は、ほとんどがＡ４・一枚に収まるものです。すでに「ＰＲで用いる言葉は短く、心に響くものでなければいけません」と述べましたが、このセオリーはさらに強化されながら業界全般に浸透しています。

そして、現在の主流となっている短い言葉のプレスリリースは、必ずその冒頭でヴィジュアル情報を紹介しています。つまり「言葉は心に響くものを一〇文字以内で」というPRに関する現在の常識と同様に、プレスリリースのフォーマット全体にもヴィジュアル的訴求力が求められた結果と言えるでしょう。

この「ヴィジュアル的訴求力」は、テレビなどの視覚系メディアに向けてプレスリリースを発信する際には特に強く意識しなければなりません。そのプレスリリース一枚が効果的なPRにつながるかどうかは、それを受け取るメディア側の興味という一点にかかっているのです。テレビなどの視覚系メディアは当然、ヴィジュアル情報をもとに判断します。たとえば、前述の「iPhone5が発売から三日で販売台数五〇〇〇万台を突破した」という情報についても、視覚系メディアは「五〇〇〇万台」という数字よりも「販売店のまえに徹夜組も含めて長蛇の列ができている」といった映像のほうに興味を示す傾向があるのです。

私が二〇〇一年に手がけた「鳥取砂丘で鳥になる」というPRは、このことを強く意識したものでした。

「鳥取県に、もっと観光客を呼びたい。鳥取というと他県の方は砂丘をイメージするでしょうが、最近では砂丘でおこなうハンググライダーも盛んなんですよ」

クライアントである県の担当者にそう言われたとき、私の頭には鳥の姿が浮かびました。

個人的にはハンググライダーを体験したことはありませんが、それを楽しむときの爽快感は想像できます。日本最大の砂丘でハンググライダーを楽しめたら、たいそう気持ちがいいでしょう。私は、ハンググライダーを軸にして鳥取県のPRを展開していくプランを立てました。そして、その爽快感を表現するには、ハンググライダーという即物的な名称よりも「鳥」という言葉・イメージのほうが効果的だと考えたのです。

言葉とイメージの関係は複雑です。普通の人がハンググライダーという言葉を聞いて思い浮かべるのは、その器具の形状ではないでしょうか。しかし「鳥取砂丘でハンググライダーを楽しもう」と同義であっても、「鳥取砂丘で鳥になろう」と訴えかけたほうが、むしろハンググライダーを楽しむときの爽快感は伝わってくるのです。

およそ一〇〇年前のロシア革命（一九一七年）でカール・マルクスの『資本論』に記さ

れた「言葉」が、その原動力になったと言われています。しかし、人間が得る情報の八割が視覚情報とも言われていますし、テレビメディアが普及し、インターネットの動画サイトにも多くの人の注目が集まる現在では、ＰＲの戦略も当然、ヴィジュアルを重視する姿勢でなければなりません。

「社内の会議で自分の企画を通すためのＰＲ」については述べましたが、自分の企画に対する賛同者を増やそうというときにも、ヴィジュアルの訴求力は無視できません。「いま、うちの会社は右肩下がりなんだ」と言って財務諸表を示すよりも、もっと効果的に危機感を認識させるヴィジュアル素材は必ず見つけられるはずです。

そう考えれば、ある人に自分の仲間になってもらおうというとき、なすべきことは「オレの話を聞いてくれ」ではないはずです。「おい、これを見てくれよ」と、まずｉＰａｄやスマートホンの画像を示すことでしょう。そして、まずヴィジュアルを提示した上で、そこから話を始めるのです。また、そういったヴィジュアル重視の情報発信をする上で、現代はツールも含めて非常に整備された状況と言えるはずです。

ヴィジュアル的思考回路

私は、PR業界のなかでも特にヴィジュアルを重視する人間だと思います。視覚系メディアはヴィジュアルから情報の価値を判断すると述べましたが、私自身、何かアイディアが浮かぶときには言葉ではなく、その光景がまず頭のなかに現れます。

「今年の漢字」を思いついたときも、京都の神社仏閣で揮毫（きごう）している光景が浮かんできました。それが京都の清水寺に決まったことで、「今年の漢字」は年末の風物詩として根づきましたが、その形態にいたったのは揮毫のイメージをベースに具現化を考えたからなのです。テレビCMを製作するとき、多くのスタッフに効率よく働いてもらうために、まずはプロット（絵コンテ）で企画内容を表現するのと同じことです。

また、アイディアはビジネスシーンだけで思いつくものではありません。たとえば「今度の休日は何をしよう？　まだスカイツリーには行ったことがないから、行こうかしら」ということを考えるときも、私の場合は、まずスカイツリーの映像が頭に浮かぶのです。

このような思考回路が身についた背景には、画家であった父親の影響があると思います。

子どものころ、父親は何かを教えるとき、必ず私の目のまえに視覚的存在を示しながら語りかけてくれました。絵を描いて話してくれたこともあるし、たとえば洗ったのに茶渋が残っているカップをまえにして「汚れたままだと、カップが可哀想(かわいそう)だと思わない？」と語りかけてくることもありました。

そんな環境で育ったこともあり、「ヴィジュアルから考える」という姿勢が自然と身についていましたが、ＰＲの世界では多くの場合で役に立つ思考回路だと思っています。

言葉から考える大多数の方々に「私のようにヴィジュアルから考えろ」と言っても難しいでしょう。しかし、言葉で考えたあとでもいいから、そのプランを頭のなかでヴィジュアル化してみてください。耳障りのいい言葉をいくら並べても、まったく現実性のないプランは、いくらでもあります。そういったプランは、いくら想像しようとしても、巧くヴィジュアル化できないはずです。

言葉で考えたプランを、プレゼンテーションするまえに一度、自分の頭のなかでヴィジュアル化してみる。そうすれば、そのプランに欠けているものに気づくこともあるでしょう。また、そのプランがもつさらなる可能性も見えてくるに違いありません。

記者発表や体験会の「場所」にもニュース性が必要

さて、プレスリリースでメディア関係者の興味を引きつけたら、次のステップとして記者発表や体験会を開催するケースもあるでしょう。

「このたび、新商品を発売します。つきましては、記者発表を○○で、実際に商品をお使いいただく体験会を××で開催します」

という内容が記載されたプレスリリースをメディアに向けて発信するとしましょう。記者発表でどのように商品を紹介するか、体験会ではこうやって商品の性能を体感してもらおうと、入念に準備しました。しかし、それを開催する「場所」については、どうですか？

どんな場所で開催しても商品の性能は変わらないし、情報そのものの価値も変わりません。そう考えてしまえば、場所はどこでもいいということになるでしょう。しかし、同じ商品を紹介するにしても、どこでもいいわけではありません。汚くて雰囲気もわるい場所で記者発表をおこなえば、商品のイメージにも悪影響が及ぶことは十分に考えられます。

そして、もっと大切なことは、どんなに入念に準備した記者発表や体験会も、忙しいメディア関係者に来てもらえなければ意味がないということです。

記者発表の演出や体験会の趣向を考えることも大切ですが、とにかく多くのメディア関係者に来てもらうことが、まず必要なのです。どういう場所なら、彼らに「行きたい！」と思ってもらえるでしょうか。

現代の消費動向を見れば、女性の視点やクチコミがＰＲにとって重要であることは、すでに述べました。また、メディアで働く人たちのなかにも女性は多数います。私は特に女性記者をターゲットにして記者発表や体験会を開催する場合には、彼女たちが「仕事を抜きにしてでも、ひとりの女性として行きたい」と思うような場所を探すようにしています。たとえば、最新版の『ミシュランガイド』で新たに三ツ星を獲得したレストランがあれば、そこを借り切って記者発表をおこなうことも考えます。間違いなく、出席率は上がります。

もちろん、予算の都合もあるでしょう。しかし「場所はどこでもいい」という考え方は間違っています。メディア関係者も〝人の子〟です。仕事と切り離しても「行きたい！」と思う場所なら、スケジュールをやりくりしてでも、やってくるでしょう。そして、メディア関係者を対象としたＰＲイベントは、とにかく記者たちに大勢来てもらうことが大切なのです。プレスリリースのなかで使うひとつひとつの言葉と同様、記者発表や体験会を開催する場所にもニュース性が必要だということです。

プレスリリース後の個別フォロー

プレスリリースは、基本的に「ＰＲのターゲットが接すると考えられるメディア」に向けて発信するものです。従来のＰＲ業界では「すべてのメディア」に向けてプレスリリースを発信する傾向が強かったのですが、私はこの手法はすでに古いと考えています。ここまで「効果的なプレスリリースの書き方」を紹介してきましたが、発信先すべてのメディアが情報を取り上げてくれれば、何も言うことはありません。しかし、もちろん現実はそうはなりません。「プレスリリースを発信したあとのフォロー」が重要となります。

メディア業界も抽象的な社会として捉えてはいけません。大変失礼な言い方になりますが、それぞれのメディアで「影響力の違い」があることは認めなければいけません。プレスリリースを発信したあとのフォローも当然、「ここが取り上げてくれたら、ほかのメディアも追随する可能性が高い」というところをターゲットとして絞り込むことが必要となってきます。「社内会議で自分の企画を通すためのPR」で登場した役員A・Bで言えば、かぎられた時間と労力のなかでまずフォローすべきはBなのです。

第三章で紹介した「山城屋おんな三代経営記」の場合も、まずは「山城屋」のホームページにアップしましたが、ただアップしただけでメディアが気づいてくれるわけではありません。こちらからは、〝キーメディアからの連鎖報道〟を仕掛けました。テーマ別に連鎖報道のキーとなるメディアを見極めて、そこから多くのメディアへ報道を拡散させることで、社会的なブランドを構築していく戦略です。この場合はまず、地元の『京都新聞』に詳しく取り上げてもらい、そこから地元のテレビ情報番組、『日本経済新聞』などの経済紙へと拡散していったのです。すると、次第に応援してくれる経済専門家たちも増え、「山城屋おんな三代経営記」の講演会を企画する経済団体も現れました。

実は、PR業界には「プレスリリースを作成して、発信してオシマイ」という業者も存在しています。しかし、ここまで述べてきたように、私が考えるPRの目的は最終的に「人が自ら動く」ことです。当然、プレスリリースで紹介した情報を具体的な記事や番組のなかで取り上げてもらうことを、最終的な目的達成のためのステップとして実現していくためのフォロー・努力が必要となるのです。

具体的なフォローの形としては、プレスリリース発信のあとに活字メディアであれば記事化、放送メディアならば番組化に向けた企画案の提示が必要となります。この際、たとえばテレビメディアに向けた企画案なら前述のとおり、先方が判断の決め手とするヴィジュアル的要素を満載した書式・体裁を考えなければいけません。そして、プレスリリースのあとのフォローがより個別のものであることを考えれば、働きかける先の〝個人性〟をより重視する必要があります。

「泥臭いひと手間」をあなどらない

ここまで「メディアの動かし方」について紹介してきましたが、すでにお気づきの方もいるでしょう。そう、第二章で「社会を動かすには、社会を個人の集まりと見ることが大切」と述べましたが、メディアに対しても同じことが言えるのです。メディア関係者という言葉でひと括りにして、抽象的な集団と考えてはいけません。「Aという女性ファッション誌の記者なら、こういう場所で体験会をおこなえば、きっと来てくれるだろう」。そうやってメディアごとの特徴や個性を分析し、それぞれの価値観に応じたメディア対策を考えることが必要なのです。

私がPRの仕事を始めた一九八〇年代はワープロが普及し始めたころでしたが、新聞業界ではまだ手書きで原稿を執筆している記者も多く残っていました。そこで、私は自分で仕事用に借りたマンションを彼らの執筆スペースとして開放することにしました。鍵(かぎ)も渡して「自由に使っていいですよ」と伝えると、毎日、各社の記者たちが集まるようになって、サロンのようにビジネスを越えた交流が始まりました。

記者たちの取材活動に対しても、協力できることがあれば、積極的に手を貸すようにしました。たとえば、人を紹介する。そうすることで、小さなマンションから始まったメディアとの交流の場が次第に大きくなっていき、メリットはさまざまな形で表れました。

ただし、こういった人間的な交流を進めるには、まず、何よりも相手に対するリスペクトが必要です。具体的には「公正・中立でなければならない」というジャーナリストの立場上の原則を理解した上で、交流を深めなければなりません。厳格なジャーナリストのなかには、取材先で水は飲んでも、コーヒーや紅茶は出されても飲まないという人もいます。

そういった立場を理解せずに、ただベタベタと接近してもかえって逆効果になることもあるのです。

そういった相手に対するリスペクトをもち、それぞれの個人がもつ価値観を尊重すれば、ときには「泥臭いひと手間」が必要になることもあります。言い方を換えれば、相手が守らなければならない規範を理解した上で、相手の負担を軽減できるように配慮することです。たとえば、記者としては「自分が足を運んで取材した情報は記事にできても、先方がこちらに押しつけたような情報はPRだから記事にできない」という立場もありえます。その場合には、まず「自分が足を運ぶ」という相手の行動規範を尊重します。つまり、こちらから相手の職場に押しかけるのではなく、近くまで出ていき、そこに来てもらうようにする。相手の立場や行動規範を尊重した上で、時間も含めた相手の負担を軽減できるよう「泥臭いひと手間」をかけるのです。

第五章　狙いどおりに永続的に動かす

理想は「永続性を生むＰＲ」

私にとっては「永続性を生むＰＲ」こそが理想であり、大前提です。ほとんどの場合、私のようなＰＲ業者が仕事の契約期間を終えたあとも、ＰＲの対象である商品は残ります。「永続性を生むＰＲ」という理想を実現するためには、残った人たち（クライアントや、その担当者たち）にノウハウを伝えることは私の責務でもあると考えています。

現代は、ノウハウにおカネを払う時代ではありません。インターネットの世界では「オープンソース」と言って、従来ならそれを開発した人や企業が独占的に権利をもってきたソフトウェアなどの構造上の詳細も開示し、誰でも無料で手に入れられるようにする考え方が一般的になってきています。それと同じように、ＰＲの理論やテクニックも、もはや秘密にする時代ではないと私は考えています。

私もインターネット上で「プレスリリース自動作成サービス」〈http://tm-project.jp/company/step_02/index.html〉を無料で公開しています。これは、プレスリリースはメディアを通して社会に情報を伝えるツールであり、ツールであれば効率的につくったほうがよいと考えて公開しているサービスです。そもそもPRを成功させるためにもっとも必要なのは、プレスリリースの書き方以上に「成功のために、こういう考え方をしよう」という姿勢です。そうでなくては、クライアントそれぞれの背景にある歴史や文化も異なり、置かれている状況やPRの目的にも差がある個々の案件に対応することはできません。

二〇一四年に伊勢市で講演したときのことをお話ししましょう。

前年二〇一三年は、伊勢神宮で二〇年に一度の式年遷宮（せんぐう）がおこなわれた年でした。そして、講演後の質疑応答で「去年はたくさんの観光客が訪れてくれた。しかし、遷宮は二〇年に一度。次回の遷宮までの一九年間はどうしたらいいのか？」という質問を受けたのです。

読者のなかには「二〇年に一度の遷宮は特別な行事。その年の観光客が特別に〝多い〟のであって、それ以外の年が〝少ない〟というわけではないだろう」と考える方もいるかもしれません。たしかに「毎年、遷宮がおこなわれる年と同じぐらい多くの観光客に来てもらいたい」というのは、すこしムシのいい話かもしれません。しかし、現地で観光産業に携わる人たちにとって、それが切実な願いであることもたしかです。

ここで「永続性を生むＰＲ」という大前提を無視すれば、極端な話ですが「それならば毎年、遷宮をおこなえばいい」という大胆な提案もできるかもしれません。もちろん、それは伊勢神宮が認めないでしょう。また、そんなことをすれば二〇年に一度おこなわれる遷宮の価値、さらには伊勢神宮の価値まで低下し、「永続性を生むＰＲ」どころか長期的に見ればマイナスの効果も表れるでしょう。「永続性を生む」ということは、「伝統を守る」ということでもあるのです。伊勢市の人々、特に観光産業に携わる人たちが心をひとつにして伝統を守り続け、そのなかで効果的なＰＲ活動を実施していくことが「永続性を生むＰＲ」を実現する唯一の方法です。

実際にＰＲ業務を委託されたわけでもないので、私の考えをお伝えするのはお節介だったかもしれませんが、講演会では自分の考えるＰＲ活動のノウハウを質問に対する答えとして次のように提示しました。

伝統が永続性を生む

まず「遷宮がおこなわれる年には、なぜ例年を大きく上回る観光客が伊勢神宮を訪れるのか？」ということを考えるべきです。たしかに遷宮は特別な行事ですが、ほとんどの人はメディアの「今年は伊勢神宮で遷宮がおこなわれる年」という報道に接したことで「伊勢神宮に行こう」と考え、決めたはずです。つまり、遷宮のように特別な価値をもった行事であっても、それだけで集客力をもつわけでなく、メディアを通じた〝露出〟によって観光産業の振興につながるということ。そう考えれば「遷宮以外に、集客力を秘めた要素で、まだ巧く〝発信〟ができていないものはないか？」というところに目が向くはずです。

　具体的に私が伝えたのは、まず「内宮(ないくう)前にある〝おかげ横丁〟の『招き猫発祥の地』と噂(うわさ)される場所は、巧く情報発信できているか？」ということです。招き猫については「どこが発祥の地か？」という点で江戸の今戸(いまど)神社、豪徳寺など諸説がありますが、福を招く猫ならば、日本最大の縁起どころである伊勢神宮が、もっと力強く旗を振るべきです。しかも実際にかわいい猫が数匹、この場所に住みつき、観光客の人気を呼んでいます。そもそも日本人がなぜ伊勢神宮を訪れるかと言えば、どこかに「ご利益にあずかりたい」という心があるからではないでしょうか？　それが伊勢神宮のもつ集客力の本質だとすれば、福を呼ぶとされる招き猫は強力なアイテムになるはずです。そして、昨今の日本には「猫ブーム」があります。これを活用しない手はないと考えたのです。

また、伊勢市長の「もっと外国人観光客に来てもらいたい」という声に対しては、熊野古道の例を挙げました。熊野古道は「紀伊山地の霊場と参詣道」として、その一部が二〇〇四年に世界遺産に登録されましたが、同じように巡礼路が世界遺産に登録されているスペインの「サンティアゴ・デ・コンポステーラ」と巧く協働して外国人観光客の誘致に結びつけています。まず「外国人と言っても多種多様であることを認識すべき」、その上で「価値観を共有できる海外の歴史的遺産と巧くコラボレートすること」を提案させてもらいました。

自分たちの価値がどこにあるか（伊勢神宮の場合なら伝統）を認識し、それを上手に発信することが「永続性を生むPR」に向けた第一歩なのです。

広告がPRに横恋慕する現状

さて、ここですこし話題を変えて、PR業界の現状について言及したいと思います。業界に関わりのない一般の方はあまりご存知ないと思いますが、広告の手法に、新聞記事やテレビ番組の体裁により近づいた表現方法がどんどん増えています。

たとえばテレビで「今日、国会では、こんな応酬があった」「世界では、こんな事件が起きた」といった報道に続いて、後半は巷で人気の飲食店などを紹介する情報番組の構成になっている場合、登場する店舗の紹介部分は金銭的代価をともなう広告枠になっているケースが増えています。と言うよりも、テレビ局が、そうやって実質的にＣＭ枠と同じように金銭で取り引き可能な〝ＰＲ枠〟を設定しているのが現状です。

背景には、バブル崩壊後に広告収入の減った各テレビ局の苦しい経営状態があると思います。私自身、また経営するＴＭオフィスも、こういった〝ＰＲ枠〟の売買とは無縁のところで商売をしています。しかし、この現状を無視しようとは思いません。

雑誌の世界でも、以前は一見して編集ページと広告ページの見分けが一般の読者にもついたと思いますが、最近は編集ページ、つまり普通の記事と見分けがつかないようなタイアップページを多く目にします。

ＰＲプロデューサーという立場から、こういったページを見ると「これは、金銭を支払って掲載されているのだから、ＰＲではなく広告だろう」と思うのですが、これが現状です。ようするに雑誌の記事も、テレビの番組も、そして、それらのメディアの広告枠も、ＰＲという情報発信の形態にすり寄ってきていると言えるのではないでしょうか。

もう一度、ここで言いたいのは、代価を支払ってメディア内の枠を買い、そこで情報発信をするのは広告の手法だということ。そして、それが間違っているとは言えなくても、広告枠の購入という金銭の必要性から考えれば〝一時的なもの〟と言えるでしょう。少なくとも「永続性を生むＰＲ」とは異なる宣伝と理解できるはずです。

「永続性を生むＰＲ」では、予算的にも短期集中ではなく、継続できる範囲の予算を確保し続けることで成果を出していけるように、プランニングの段階から考えていくことが必要です。

ＰＲを文化にまで高める

理想は「永続性を生むＰＲ」ですが、さらに言えば、そのＰＲでつくり上げた価値観や概念自体がひとりでに動いて「文化」となっていくのが最高の展開です。

前述した、一二月に清水寺で発表され、墨筆で豪快に揮毫される「今年の漢字」は、いまや「日本の年末を象徴する風物詩」になったと言うことができるでしょう。
フランスのタイヤメーカー・ミシュラン社が毎年刊行する『ミシュランガイド』についても、同じことが言えると思います。もともとは自動車（つまりタイヤ）を使って多くの人がドライブ旅行をするようになることを念頭に置き、ミシュラン社の知名度を高める目的で始められたＰＲですが、いまではそのＰＲガイドブックを毎年、多くの人が心待ちにしています。『ミシュランガイド』は、人々の認知度という点で文化と言ってもいいレベルにまでなったということです。

実は、私たちの身のまわりには、このようにして「当初はＰＲだったものが、いまでは文化として根づいてしまっている」というケースは少なくありません。身近な例では「恵方巻き」が挙げられるでしょう。いまでは節分が近づくと、コンビニエンスストアでも恵方巻きの販売を告知するポスターを誰もが目にするようになりましたが、もともとは江戸時代末期にあったとされる風習を、一九七〇年代になって大阪の海苔問屋組合が復活させた、消費拡大のためのＰＲでした。それが、いまでは日本全体の文化として根づこうとしているのです。バレンタインデーにチョコレートを贈る習慣、その返礼としてホワイトデーにキャンディやマシュマロを贈る習慣、夏バテ予防にウナギを食べる「土用の丑の日」、これらもPRが文化として根づいた例だと思います。

「今年の漢字」や『ミシュランガイド』は、PRの理想型を示しています。しかし、ミシュラン社のホームであるヨーロッパはいざ知らず、実は、こういったPRの理想型を日本で実現することは簡単ではありません。それは、欧米では、ある程度以上の実績と規模をもつようになった企業には社会貢献が当たり前のように求められるのに対し、日本では企業に「新しい商品＝利便性を生み出すこと」が求められるからです。この「新しい商品」を文化のレベルにまで高めるのは、簡単なことではありません。逆の見方をすれば「今年の漢字」の漢字も、『ミシュランガイド』が扱う美食も新しいものではなく、すでに文化として存在していたものです。

ここでもう一度、第二章で紹介した「どこか新鮮！」を思い出してください。PRすべき商品の周辺に眠っている要素のなかに馴染み深いもの、PRを文化に高めるためのキラーアイテムがないかを注意深く探すことは、PRを持続可能なものにするためにも必要不可欠です。そして文化や風物詩、あるいは歴史も、それをつくったり育んだりするのは抽象的な社会ではなく、それを構成する個人たちです。私は、日本の戦後で「世界的な文化」と言ってもいいレベルまで認知された製品・サービスは、カラオケとテレビゲームだと思っています。

このふたつ以外にも「新しい文化を創造しよう」「世界に向けて日本を発信しよう」という企図で市場に投入された商品は数かぎりなくあったに違いありません。しかし、このふたつだけが、それぞれの価値観をもつ個人ひとりひとりに、しかも世界的に受け入れられたということだと思います。「これが新しい文化です」と言ったところで、実際には文化は生まれません。たとえばカラオケに親しむ人がひとり、ふたりと増えていき、やがてそれが文化となるのです。

トップダウン型企業の限界と地方の可能性

ある化粧品メーカーのテレビＣＭには一時期、なぜか、いつも小型のジェット飛行機が登場していました。そのパイロットが女性で、その美貌(びぼう)から化粧品を連想させるような演出もあったのですが、どのシリーズもＣＭの主役はジェット飛行機でした。実は、そのメーカーの当時の社長が所有する自家用ジェットだったという噂があります。

そのメーカーはもともと飛行機の部品や周辺用品を輸入する商社だったという背景がありますが、化粧品のＣＭで、もし社長の自家用ジェットを主役にしたのだとすれば、社長の自己顕示欲と言ってもいいかもしれません。この例は極端なケースかもしれませんが、こういった傾向は日本の多くの企業に見られるものです。それは前節で述べたように、日本の企業には「新しい商品＝利便性を生み出すこと」が求められることと、日本の社会がトップダウン型であることに由来していると思います。トップダウン型の社会、あるいは企業のトップにいる方々は、マズローの欲求五段階説で言えば、最終の第五段階にいることが多いでしょう。つまり、社会一般の必要性とはかけ離れた「自己実現」が彼らのテーマになってしまっているのです。

そんな日本の現状を考えたとき、やはり、私は地方にこそＰＲの可能性が眠っていると考えています。なぜなら、東京一極集中が進んだ現在でも、日本国民の多くは地方に住んでいるからです。新たな文化が生まれ、それが広く認知されるためには、ごく一部の大都市だけでなく日本全土からの賛同が求められます。かつては、大都市からマスメディアを通じて発信されたトレンドに地方が追随するというケースが多く見られました。しかし、インターネットが普及した現在は、そうではありません。インターネットの世界には中央も地方も、上も下もないのです。いま、文化を発信する力をもっているのは、大都市ではなく地方だと言っていいでしょう。

地方には、日本で文化と認められるときに非常に大きな要素となる「日本人にとっての原風景」があります。この要素を最大限に活用すれば、トップダウン型企業以上に、地方にこそ「理想のＰＲ」を実現する高い可能性があると言えるはずです。

ＰＲは、もちろんベストセラー商品にも貢献しますが、それ以上に理想型として考えているのはロングセラー商品です。長期的に売れれば、企業としても経営面で目算が立てられるようになることは言うまでもありません。ロングセラーになれば当然、物語も生まれてきます。また、文化として認知される可能性も高まります。

ＰＲの最終目標は、そのＰＲでつくり上げた価値観や概念が永続的なものになること。「地域ＰＲ」にはその理想への種がまだまだ残っていると確信しています。

おわりに

ＰＲを通じて永続的な文化をつくりたい。私がそう思ったのは、本書の冒頭に書いたとおり、阪神・淡路大震災の被災体験がきっかけでした。

いま思えば、阪神・淡路大震災が起こった一九九五年は、私だけでなく、日本にとっても時代が変わる節目だったのかもしれません。私にとっては自分の価値観が一変してしまった出来事でしたが、この年を境に日本人の考え方もずいぶん変わったように思います。たとえば「エコノミックアニマル」と揶揄（やゆ）されるほど経済至上主義だった日本人が、震災を機に、無償の社会活動（ボランティア）を積極的におこなうようになりました。そして一九九八年一二月には特定非営利活動促進法が施行され、全国に多くのＮＰＯ法人が設立されました。いまでは、すっかり社会に定着しています。

また、一九九五年に発売された「ウィンドウズ95」は、私たちの日常にインターネットという、革命的なコミュニケーションの形をもたらしました。長い間、新聞やテレビなどのマスコミュニケーションと、電話や手紙などのパーソナルコミュニケーションの二種類しかないと考えられていた見方を根本から変えてしまったのです。

その結果、「個人が世界に向かって無料で情報発信できる」「世界中から個人へメッセージが瞬時に届く」といった、従来は想像もできなかったコミュニケーションが普通におこなわれるようになりました。人々の価値観が急速に変わったのは言うまでもありません。スマホの普及もそれを加速させました。

東日本大震災が起こったときは、ボランティアもインターネットも社会に根づいていたことで人々の反応が変わりました。以前はどこか「対岸の火事」としか感じられなかった人々が、インターネットを通じて被災地の情報を身近なこととして知り、自分のことのように実感できたのです。ボランティアの窓口もネット検索するだけですぐにわかり、その場で参加申込することができました。十分とは言えなくても、そんな環境がひととおり整っていたからこそ、人々は自ら寄付をし、ポケットマネーで現地に赴くことができたのです。ひと昔前には考えられなかった現象でしょう。

つまりいまは、自分が手を伸ばしさえすれば、驚くほど多くの物事に手が届くのです。人々は自分が関わる物事を自らの意志で選択するようになり、すこしずつ「自分の声は社会に届く。社会に貢献できる」と、思えるようになりました。

個人の意志を社会に反映させられる時代はもう、始まっているのです。

「PRを通じて永続的な文化をつくる」という私の目標も同じような過程を経てきました。当初は「何？　PRごときで何を言っているのか」と誰にも相手にしてもらえませんでしたが、時代の変化とともにすこしずつ、振り向いてくれる人が増えていきました。

こうしてひとり、ふたりと耳を傾けてくれる人が増え、最近では「このPRは地方活性化の特効薬だ」と説くたびに、「なるほど」と相槌（あいづち）を打ってくれる人が多くなりました。

政府が「地方創生」を掲げたことで社会の注目もより集まるようになりました。そして、私の考え方と技術も大学などですこしずつ、学生や社会人のみなさんにお伝えすることができるようになりました。この本は、その根本をまとめたものです。

時代が大きく変わるとき、社会の考え方も変わっていくものです。PRの世界も同様です。従来の価値観では理解できない世界が現実にあること、その世界には無限の可能性が秘められていること、これまでの常識が変わってしまうほどのパワーがあることを改めて痛感します。

最後になりましたが、私の考え方に根気よく耳を傾け、この本の出版を実現してくださった集英社の金井田亜希さん、田中茂朗さん、アップルシード・エージェンシーの宮原陽介さんに、この場を借りて、心よりお礼を申し上げます。本当にありがとうございました。

この本がいまを生きる多くの人々の心に届き、新しい時代をつくる一助になることを願ってやみません。人が自ら動く社会にこそ、明るい未来があると、私は固く信じています。

二〇一六年一月

殿村美樹

構成／田中茂朗
著者エージェント／アップルシード・エージェンシー
(http://www.appleseed.co.jp)
図版制作／クリエイティブ・メッセンジャー

殿村美樹（とのむら みき）

PRプロデューサー。株式会社TMオフィス代表取締役。同志社大学大学院ビジネス研究科「地域ブランド戦略」教員。関西大学社会学部「広報論」講師。「うどん県」や「ひこにゃん」など、これまでに地方PRを二五〇〇件以上手掛ける。著書に『テレビが飛びつくPR―予算9万円で国民的ブームを起こす方法』（ダイヤモンド社）、『売れないものを売る ズラしの手法』（青春出版社）、『どんな人でも買わずにはいられなくなる「欲望直撃」のしかけ』（すばる舎）など。

ブームをつくる 人がみずから動く仕組み

集英社新書〇八一九B

二〇一六年一月二〇日 第一刷発行
二〇一七年六月一三日 第二刷発行

著者……殿村美樹
発行者……茨木政彦
発行所……株式会社集英社
東京都千代田区一ツ橋二-五-一〇 郵便番号一〇一-八〇五〇
電話 〇三-三二三〇-六三九一（編集部）
〇三-三二三〇-六〇八〇（読者係）
〇三-三二三〇-六三九三（販売部）書店専用

装幀……原 研哉
印刷所……凸版印刷株式会社
製本所……加藤製本株式会社

定価はカバーに表示してあります。

ISBN 978-4-08-720819-1 C0230

Printed in Japan

a pilot of wisdom

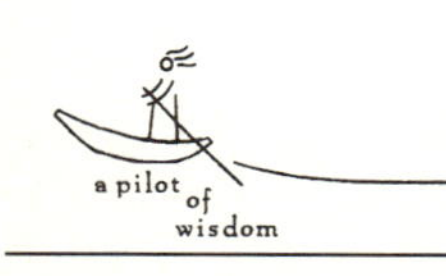
a pilot of wisdom